Cómo mejorar el clima laboral

Ricardo Pérez P.

Capítulo 1 – Qué es el clima laboral

- Concepto y Estructura
- Factores de influencia en el clima laboral
- Negativos y Positivos
- Comunicación
- Colaboración
- Liderazgo
- Ambigüedad de intereses

Capítulo 2 - Cultura organizacional

- Conceptos de Cultura Organizacional
- Estructura y organización
- Congruencia
- Misión, Visión, Filosofía, Valores
- El directivo
- Qué busca un directivo en un trabajador
- Recomendaciones para los directivos en favor de un clima laboral positivo
- El trabajador
- Qué busca un trabajador en una empresa
- Recomendaciones para los trabajadores en favor de un clima laboral positivo

Capítulo 3 - Cambios de raíz

Capítulo 4 - Estrategias de cambio y mejora

- Reclutamiento y selección de personal
- Encuestas
- Dinámicas
- Efectividad
- Ciclos de reforzamiento
- Reconocimientos
- Políticas empresariales

Capítulo 5 - Indicadores de medición del cambio

Comencemos con los primeros pasos para que empiece a lograr cambios hoy mismo:

Primero debemos tener claro qué es el clima laboral y su estructura, para poder identificar las áreas de oportunidad y los puntos débiles, así sabremos por dónde empezar a resolver problemas que nos impiden gozar de un clima laboral positivo.

Todo lo que sucede en un lugar de trabajo, mientras haya seres humanos conviviendo e interactuando para realizar un trabajo individual o en equipo, inevitablemente influirá en el clima laboral, aquí menciono algo de los más común que puede desestabilizar una empresa internamente:

- La mala comunicación
- La falta de respeto a la persona
- La falta de capacitación
- La falta de las herramientas adecuadas
- La falta de motivación y reconocimiento
- No escuchar a los trabajadores
- No involucrarlos en la problemática de la empresa
- Un jefe sin liderazgo y prepotente
- Una directiva intransigente

¿Se identifica con alguno de éstos puntos?, no se preocupe, después de leer éste libro, habrá encontrado la solución.

El clima laboral es un factor muy importante que en un sentido positivo mantiene un desarrollo sostenido de la empresa y la productividad, pero el gran dilema de los empresarios en la actualidad, es cómo combinar desarrollo, productividad y buen clima laboral al mismo tiempo, la respuesta es muy simple, yo lo resumiría en 3 simples palabras: empatía, sinergia y liderazgo.

Si en una empresa se logra que todos sus colaboradores trabajen basándose en estos conceptos, se logrará una poderosa mezcla de actitudes y acciones en un ambiente de armonía tan extraordinario, que el clima laboral positivo, se generará de manera casi imperceptible.

El tema del clima laboral es una parte vital en la vida de una organización, es la que mueve los hilos de la productividad y la estabilidad de una empresa y sin estos elementos, simplemente no hay crecimiento,

 "El clima laboral se genera por un estado de disposición, y se mantiene por un estado de conciencia"

Capítulo 1

Qué es el clima Laboral

Concepto

Veámoslo como una mezcla de pensamientos, actitudes y costumbres atrapadas entre cuatro paredes que se mueven en todas direcciones y cuando se encuentran en el mismo camino, pero en sentidos contrarios, chocan y se genera un conflicto que afecta las relaciones y la armonía laboral.

Pero ¿Por qué no hacer que vaya en el mismo sentido, produciendo una inercia positiva de comunicación y trato con respeto?

Se logra creando una fuerza bilateral con una influencia que derive en una relación de trabajo basada en los pilares principales antes mencionados entre directivos y trabajadores.

Pero es importante entender que, el clima laboral se comienza a construir desde la misma concepción de una idea de negocio, desde que se define la filosofía de la empresa, no cuando ya se tiene un conflicto que remediar como normalmente sucede.

Es común que las empresas se empiecen a preocupar por mejorar el clima laboral cuando ya se tiene el problema muy avanzado, valiéndose de encuestas de clima laboral con las que nunca se podrá saber con total seguridad la verdadera situación y mucho menos el verdadero sentir de los trabajadores.

Ésta fuerza bilateral es una forma de contacto que se genera por 2 fuentes y desde 4 puntos principales:

- De directivo a directivo
- De directivo a trabajador
- De trabajador a directivo
- De trabajador a trabajador

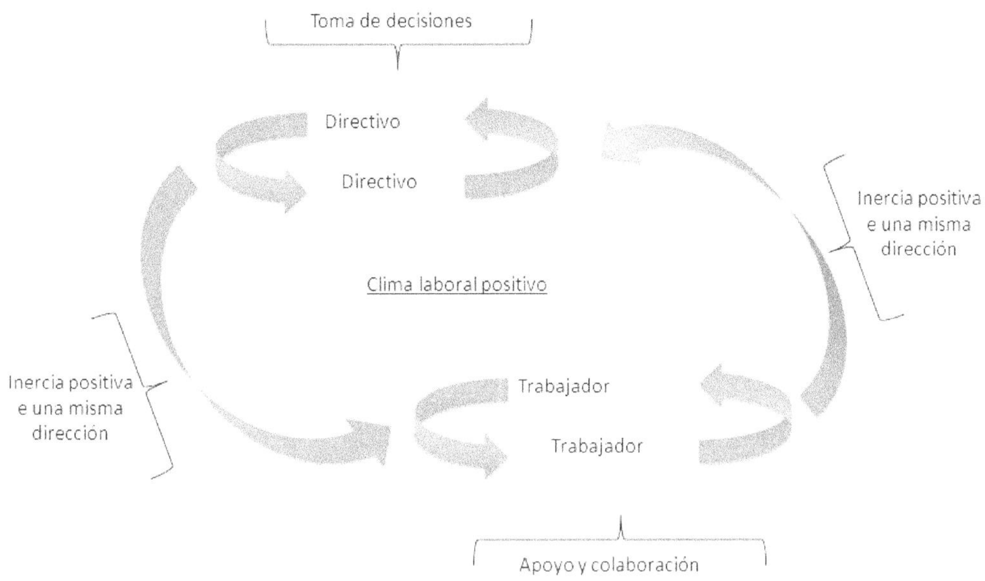

La forma en la que se produzca ese contacto, será el tipo de clima laboral que afectará la convivencia diaria, ya sea positiva o negativa.

Por esa razón, la comunicación es uno de los factores más determinantes para crear relaciones de confianza más sólidas entre el personal de todos los niveles.

Valerse de dinámicas de grupo, ayuda mucho a mejorar la comunicación y la integración, entre todo el personal e todos los niveles.

La inercia positiva, se refiere a la influencia que provoca un comportamiento positivo de una persona que se contagia hacia los demás, pero con la firme voluntad de hacerlo por convencimiento propio, en el trato hacia todos sus compañeros.

"El ejemplo siempre influirá más que las palabras".

Debe asegurarse que todos los trabajadores entiendan que es un acuerdo de voluntades, en la que todos los miembros de una organización deben participar sin importar su nivel jerárquico, porque todos por igual, lo padecemos o lo disfrutamos todos los días, pero eso depende de lo que cada uno aporte.

Cada trabajador tiene la responsabilidad de su propio comportamiento, no sólo respetando las reglas o políticas, también con la convicción de poner en práctica los valores propios y los valores de la empresa.

Debemos empezar por generar el cambio en nosotros mismos antes de tratar de provocar un cambio en los demás y así hasta crear una inercia positiva que provoque el cambio general.

- Si se crea primero un buen clima laboral, se obtendrá mayor productividad.

- Si se exige primero mayor productividad, se obtendrá menos productividad y un mal clima laboral.

"No podemos exigirle a los demás, lo que nosotros mismos no somos capaces de dar".

Estructura

El clima laboral se sostiene por cuatro pilares principales y cada uno juega un papel muy importante, porque está basado en el comportamiento humano, si uno falta, perderá su equilibrio y entonces surgirán las dificultades, que son tan comunes en la actualidad.

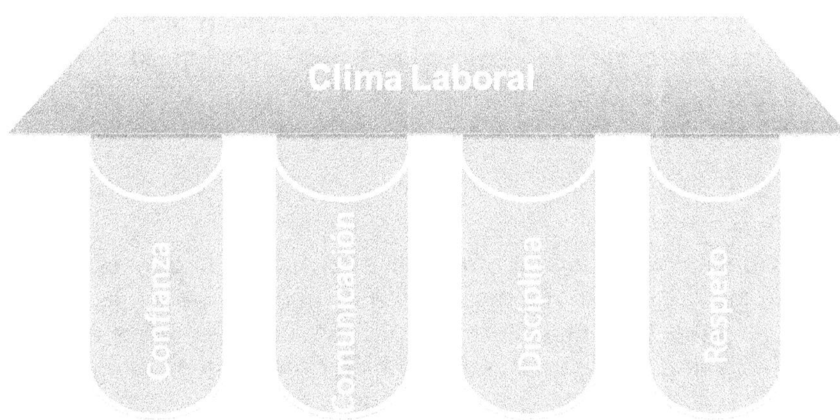

Confianza:

Para que el trabajo fluya, es necesario confiar en nuestro equipo de trabajo, en nuestros compañeros homólogos, en nuestros superiores y principalmente en nosotros mismos.

Confianza es tener la seguridad de que tu propio trabajo está respaldado por el de los demás, que existe armonía, no hay envidias ni celos profesionales, todos se ayudan entre todos y si algo sale mal, nadie pierde tiempo en buscar culpables, nadie piensa en salvar su imagen ante el jefe tratando de desviar su atención hacia otras personas, todos buscan soluciones para continuar, todos se apoyan, cada uno desde su posición hace lo que le toca para llegar al mismo fin.

Pero la confianza, no se exige; primero se ofrece, después se gana y al final se comparte.

Comunicación:

Es la magia de la palabra, en la forma que la utilicemos será el efecto que causará, es decir, para alentar, para felicitar, para reanimar y nunca para recriminar, para ofender, ni para humillar.

La comunicación adecuada entre dos o más personas, es la única forma que tenemos para darnos a entender, por lo tanto, debemos siempre procurar que nuestras palabras hacia los demás tengan una intención y un efecto positivo, la forma de expresarnos, es también la imagen que proyectamos de nosotros mismos, la cave es procurar siempre, comunicarnos de forma clara, concisa y con respeto.

Disciplina:

Es la forma de exigirnos a nosotros mismos hacer lo que tenemos que hacer, en el momento que lo tenemos que hacer y de la forma que lo tenemos que hacer, la disciplina es un hábito que genera personas altamente efectivas para trabajar, son también quienes empiezan a provocar un cambio en ellos mismos antes de querer influir en los demás para cambiar, están acostumbrados a ser el ejemplo a seguir.

Hagamos de la disciplina un hábito en todos los ámbitos de nuestra vida y pronto veremos los resultados, pero tiene que ser por convicción, no por obligación.

Respeto:

En mi opinión el más importante de todos, el respeto fortalece la confianza y las relaciones interpersonales, es el elemento de mayor influencia en un clima laboral favorable o desfavorable, aunque sabemos que es difícil lograr que una persona cambie sus costumbres y actúe con respeto a una edad avanzada, si nunca lo fue antes.

De ahí la importancia de hacer un buen reclutamiento y selección de las personas que trabajarán en nuestra empresa, pues si no muestran tener el valor del respeto como forma de vida, podemos estar seguros que estaremos contratando a un futuro líder negativo que muy probablemente contaminará a los demás con malas actitudes.

El respeto en un lugar de trabajo, se puede manifestar con algunos de estos ejemplos o si es posible, todos:

- Expresar ideas, no imponerlas.
- Respetar las ideas de los demás y tratar de lograr acuerdos.
- No criticar, comprender y aconsejar.
- No burlarse de la gente ni humillarla.
- Tratar a las personas con respeto por igual, sin importar el nivel o puesto, sexo, religión o preferencia sexual.
- Respetar las reglas.
- Tener el valor de aceptar los errores, en vez de buscar culpables.
- Respetar lo ajeno.
- Tener conciencia en el uso de los recursos de la empresa.
- Respetar las jerarquías, sin que eso lo limite en la comunicación.
- Si ocupa un cargo de mando medio o superior, no abusar de su autoridad para alimentar su ego, utilizarla para ayudar.

Nuestro esfuerzo debe estar enfocado en tener como colaboradores a personas íntegras que cuenten con la mayoría de éstas cualidades, para entonces poder contar con un grupo de personas altamente capacitadas mental y emocionalmente, para generar un clima laboral propicio y poder edificar una empresa sólida y exitosa.

Factores que influyen en el clima laboral

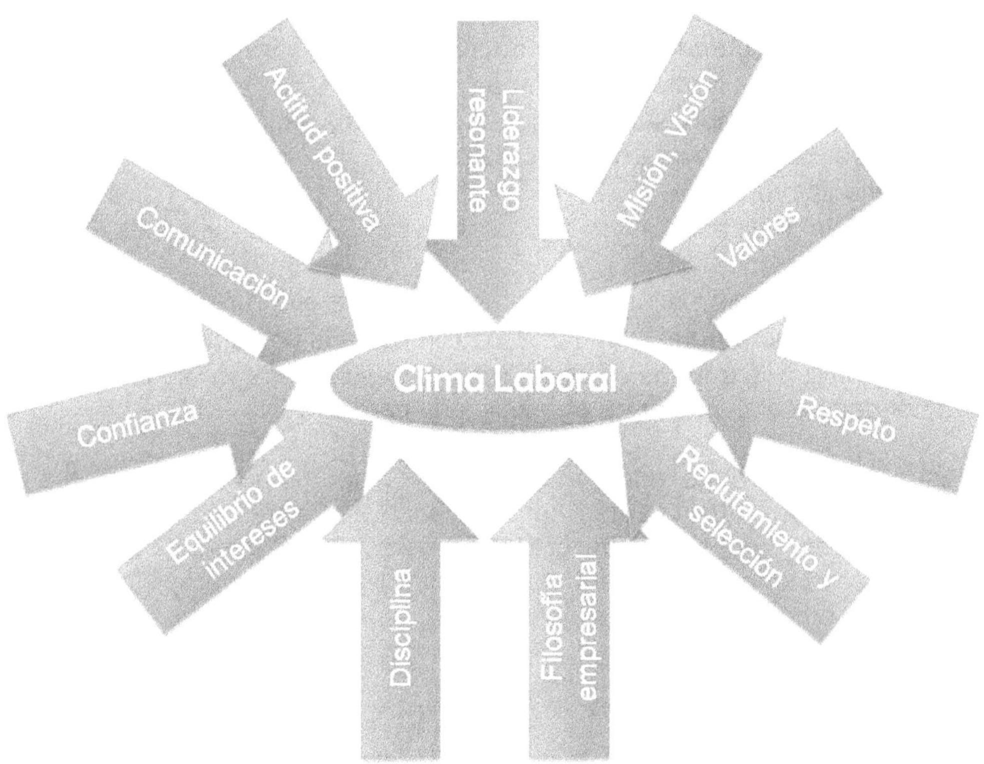

Analice éstos factores y reflexione si ha puesto atención a todos y si están funcionando bien, si no, entonces podremos identificar cuál o cuáles son los problemas que deberá atender y resolver con el personal de su empresa.

Factores Negativos:

Discrepancias comunes

En cualquier empresa se pueden encontrar algunas o todas éstas diferencias, que, si no se les da la importancia debida, podrán ser causantes de generar un clima laboral negativo.

Dinero y trabajo

- El trabajador quiere ganar más y trabajar menos
- El directivo quiere pagar menos y que trabajen más

Resultado= clima laboral negativo porque el trabajador demuestra poca conciencia y no valora su trabajo, de igual manera, el directivo muestra poca conciencia y revela ciertas actitudes de explotación, actuando con codicia y poco respeto a sus trabajadores.

Sugerencias:

Para el trabajador: Tener un trabajo es un privilegio, es una forma de crecer todos los días como persona y como profesional, es una oportunidad de desarrollar nuestras capacidades y aprender cosas nuevas, pero también se debe ser consciente que el esfuerzo de la empresa por pagarle un sueldo justo, debe ir a la par con el esfuerzo y compromiso por realizar su trabajo con eficiencia y calidad.

Para el directivo: Los trabajadores no son máquinas, son seres humanos con una necesidad de trabajar por un ingreso, pero necesitan un equilibrio en su vida laboral y personal, pues ese equilibrio, les dará la posibilidad de ser más productivos en el tiempo pactado, sin necesidad de quitarles tiempo de su vida personal, con ese equilibrio, lograrán también realizar su trabajo con la calidad esperada, sin necesidad de presionarlos o amenazarlos.

Un empleo con condiciones laborales justas y equitativas, genera compromiso y motivación para que un trabajador se esfuerce al máximo en beneficio de la empresa.

En cambio, condiciones laborales injustas, generan inconformidad y desánimo que invariablemente genera trabajadores que hacen mal su trabajo en total perjuicio de la empresa y pronto buscarán mejores oportunidades.

<u>Tiempo y trabajo</u>

- El trabajador quiere tiempo para trabajar y tiempo para su vida personal
- El directivo quiere tiempo para trabajar y tiempo extra para trabajar más

Resultado= clima laboral negativo porque el trabajador no se siente comprendido y con un sentimiento de frustración, por no poder despejar su mente, descansando lo necesario ni dedicando tiempo a su vida personal después del horario de trabajo, lo que le impide tener un equilibrio mental y emocional para desempeñar mejor su trabajo y con motivación.

Sugerencia

Crear horarios flexibles y buscar un equilibrio entre las horas de trabajo y las horas de descanso, de manera que no afecten la productividad, pero tampoco la vida personal del trabajador.

<u>Capacitación y trabajo</u>

- El trabajador quiere apoyo para aprender y desarrollarse y poder hacer mejor su trabajo.
- El directivo quiere que el trabajador aprenda como pueda

Resultado= Clima laboral negativo porque el trabajador no se siente apoyado, se genera en él un sentimiento de angustia porque se le exige más calidad en su trabajo sin el apoyo de una capacitación.

Sugerencia

Crear un programa de capacitación más especializado con indicadores de impacto en el trabajo y crecimiento personal, la capacitación a los trabajadores siempre causará un doble beneficio, al trabajador en su desarrollo personal y a la empresa en contar con trabajadores más eficientes y productivos.

<u>Estímulo y trabajo</u>

- El trabajador espera reconocimiento y estímulo para trabajar motivado y comprometido para mejorar su desempeño.
- El directivo cree que es una obligación del trabajador hacer bien su trabajo porque para eso le paga.

Resultado= clima laboral negativo porque el trabajador se siente desmotivado, el reconocimiento es una necesidad de los seres humanos que nos impulsa a continuar con el mismo ánimo y compromiso, sin reconocimiento, el impulso pierde fuerza hasta que desaparece y se va menguando poco a poco la motivación con la que los trabajadores hacen caminar a la empresa con su esfuerzo diario.

Sugerencia

Crear estrategias para incentivar a los trabajadores a competir sanamente en un sentido positivo y organizar eventos ya sea entre departamentos o individualmente, pero es muy importante crear muchas posibilidades de ganar porque eso motivará más a los trabajadores que cuando son pocas oportunidades, porque eso invariablemente hará sentir al trabajador que tiene pocas oportunidades de ganar y no se sentirá muy motivado para competir.

Las discrepancias comunes, son casos que lamentablemente prevalecen en la mayoría de las empresas, porque los intereses van en dirección contraria y ninguna de las partes está dispuesta a ceder, la clave es lograr que vayan en la misma dirección para crear una inercia positiva.

Una manera de hacerlo es encontrar un equilibrio de fuerzas en la que cada uno ceda un poco de terreno en sus intereses, con la visión de saber que la inercia positiva que se generará, irá en una misma dirección y por lo tanto recorrerá mayor distancia.

Esto traducido en nuestro tema, significa mayor crecimiento, mayor expansión y mayores ingresos, entonces el terreno cedido anteriormente en los intereses de cada uno, se recuperará y hasta es posible que, en mayores proporciones, pero lo más importante, lograremos cambiar el clima laboral de negativo a positivo.

"No se trata de ceder para perder, sino de impulsar para ganar".

El ego en las empresas

El clima laboral en una empresa, es también cuestión de actuar con criterio, con madurez y respeto por nuestros compañeros de trabajo, sin importar el nivel, pues el nivel sólo sirve para definir quién tiene mayor responsabilidad en la toma de decisiones, y no para determinar el valor de una persona como ser humano superior a otro, el valor de una persona se debe medir primero por su integridad y luego por lo que verdaderamente aporta para el desarrollo y éxito de la empresa para la que trabaja.

En todas las empresas, existen directivos que hacen mal uso del poder, es decir, lo utilizan para alimentar su ego, en vez de utilizar el poder para ayudar, para contribuir, porque el poder, finalmente es la posibilidad que se le confiere a alguien para decidir, crear, analizar, juzgar y para cambiar.

Lamentablemente, pocos son los directivos que la utilizan como un poder para servir, si pudiéramos cambiar en todas las personas que forman parte de una empresa el concepto del uso de ese poder, lograríamos una transformación muy significativa en el clima laboral de las empresas y trabajaríamos como equipos de trabajo con personas dispuestas y menos personas enfermas de ego.

Mientras alguien tenga una función que desempeñar y una responsabilidad que cumplir, somos igual de importantes a cualquier nivel y en la medida que esto sea comprendido por todos los miembros de la organización, la actitud positiva se propagará y contagiará a todos.

Factores positivos:

Actitud

La actitud positiva es un elemento esencial que genera un clima laboral propicio para el logro de objetivos y un crecimiento constante del personal y de la organización en general.

La actitud positiva se compone por varios aspectos, que van en función a la relación entre directivos y trabajadores, de ahí la importancia de crear sistemas de comunicación efectivos y simples que tengan como base la confianza y el respeto mutuo.

En una organización, mientras todas las personas tengan una función que desempeñar y una responsabilidad que cumplir, entonces todas serán igual de importantes en cualquiera de todos los niveles, y en la medida que esto sea comprendido por todos, (sobre todo los de mayor nivel jerárquico), la actitud positiva se propagará y contagiará a todos.

Esa actitud colectiva, no podrá desencadenar otra cosa que no sea un clima laboral totalmente favorable.

Para entender mejor el concepto, analicemos éstos ejemplos comparativos:

Actitud negativa:

1. El Director General de una empresa llama a su Director de Área para **regañarlo** porque no tomó una decisión acertada.
2. El Director de Área llama a su Gerente y lo **regaña** porque no le dio la información correcta.
3. El Gerente **regaña** a su Coordinador porque no revisó la información antes de entregarla
4. El Coordinador **regaña** a su auxiliar porque no hizo bien el trabajo.

Resultado negativo:

- Sentimiento de frustración.
- Sentimiento de desconfianza y cada uno duda de su propia capacidad, lo que invariablemente propiciará que se cometan más de los mismos errores.
- Problemas de ego que influyen en la poca disposición a reconocer los errores y la nula disposición para resolverlos.
- Sin logro de objetivos.
- Mal uso del poder en un puesto para culpar, no para solucionar.
- Pésimo clima laboral entre trabajadores y directivos de todos los niveles que genera resentimientos, desconfianza, desmotivación y hasta deseos de venganza.
- El problema no se corrigió, porque el problema puede estar un cualquiera de los niveles jerárquicos, en algunos o en todos.

Análisis del resultado negativo y conclusión:

- Cada uno descargó su frustración en su inmediato subordinado
- Nadie se hizo responsable por lo que cada quién hizo mal
- Sólo buscaron liberarse de la culpa

En una empresa se trabaja en equipo, por lo tanto, el trabajo mal hecho, está mal hecho por todos los involucrados, cada uno de acuerdo a su función, pero al final todos son responsables.

La cultura laboral en México es: "yo salvo mi pellejo" y a ver a quién le puedo echar la culpa para desviar la atención de lo que yo hice mal.

Todos tuvieron una reacción negativa, nadie aportó una solución al problema, todos lo evadieron.

- Nadie tuvo el valor de reconocer que algo hicieron mal
- Cada uno usó su poder para salvarse y culpar al que está por debajo

Actitud positiva:

1. El Director General de una empresa llama a su Director de Área para **preguntarle** por qué no tomó una decisión acertada, juntos analizan el problema, detectan el error y encuentran la solución.
2. El Director de Área llama a su Gerente y le **pregunta** por qué no le dio la información correcta, juntos analizan el problema, detectan el error y encuentran una solución.
3. El Gerente **pregunta** a su Coordinador porque no revisó la información antes de entregarla, juntos analizan el problema, detectan el error y encuentran una solución
4. El Coordinador **pregunta** a su auxiliar porque no hizo bien el trabajo, juntos analizan el problema, detectan el error y encuentran una solución.

Resultado positivo:

- Sentimiento de satisfacción por corregir un problema en equipo.
- Sentimiento de confianza y nadie duda de su propia capacidad, el error difícilmente se repetirá.
- No hay actitud de ego y existe amplia disposición a reconocer el error y solucionarlo
- Se logra el objetivo.
- Se usó el poder de un puesto para ayudar y solucionar, no para evadir.
- Clima laboral más sano, sin resentimientos, hay motivación por mejorar y surge también un sentimiento de compromiso, que es lo que los directivos esperan de sus trabajadores.
- El problema si se corrigió sin importar en qué nivel se generó el problema.

Análisis del resultado positivo:

- Cada uno asumió su papel de líder formador
- Cada uno reconoció su error y tuvo la disposición de buscar la forma de corregirlo

Hubo un notable cambio de actitud

- Se sustituyeron los regaños por soluciones
- No hubo culpables
- No hubo la necesidad de crear una situación tensa que derive en un mal clima laboral
- Cada uno subió un pequeño escalón en su crecimiento profesional y humano
- Se fortaleció la confianza en sí mismos y entre los compañeros

Las empresas enfermas de ego, cuentan con directivos que no se preocupan por educar a sus líderes en ejercer el poder conferido desde un puesto de alto nivel, para emanar su valor hacia el exterior con actitud positiva hacia las personas y no hacia el interior con ellos mismos para alimentar su ego únicamente, entorpeciendo la comunicación, la armonía y la inercia positiva en un mismo sentido.

Esto invariablemente generará un clima laboral negativo.

Comunicación

La comunicación se puede entender de varias maneras, la más sencilla sería la forma de hacerle saber a las personas lo que pensamos o necesitamos, de forma oral o escrita.

La comunicación en una empresa debe tener como prioridad asegurar que todas las personas tengan la misma información con la que se debe trabajar, se genera por la necesidad de concretar una idea que se debe compartir para que cada trabajador sepa cuál es su responsabilidad que le toca hasta la consecución de la idea.

Suena fácil, pero no lo es, empecemos por identificar las dos vertientes de comunicación que se generan en un lugar de trabajo y entre muchas personas al mismo tiempo y también de manera secuencial.

La primera vertiente se refiere a la comunicación en la delegación y coordinación de actividades, dentro de la conocida línea de mando que se transmite de jefes a subordinados para la ejecución de las tareas, la comunicación en este sentido, debe ser clara y concisa, en tiempos, formas, responsables, resolución de dudas y todo lo que se requiere para llevar a cabo las tareas de manera fluida.

En estos casos es muy importante que los responsables de planear y coordinar las tareas mantengan en todo momento una actitud de completa disposición a resolver cualquier duda que surja o cualquier problema que se pueda presentar por parte de sus subordinados.

Así como los mismos subordinados deberán mantener una actitud de disposición para averiguar y resolver sus propias dudas y disminuir al máximo errores que puedan causar dificultades o dañar las relaciones entre compañeros de trabajo propiciando un clima laboral negativo.

El jefe debe tener presente en todo momento que su trabajo no consiste únicamente en delegar y sentarse a contemplar a sus trabajadores y pobre de aquel que se equivoque, no es así, el trabajo de un jefe debe ser más bien el de un líder que planea y organiza a su equipo de trabajo, es el primero que empieza a ejecutar las tareas para que sus colaboradores sigan su ejemplo, esa también es una forma muy efectiva de comunicarse sin palabras.

Las formas de comunicación en una empresa pueden ser: en persona, impresa, por teléfono y electrónicamente, pero en todas deberá ser de forma respetuosa para causar el efecto deseado.

La segunda vertiente se refiere a la libertad y la confianza de los trabajadores para comunicarse abiertamente con sus compañeros y superiores, y viceversa, sobre asuntos personales y de trabajo.

Pero esa confianza implica no sentir temor a expresar sus opiniones acerca de todo lo que sucede en el ambiente laboral, sugerencias, advertencias, reconocimientos, críticas constructivas, consejos y todo lo que ayude a mantener una comunicación favorable entre todos los trabajadores de todos los niveles jerárquicos.

Todos con la misma convicción de usar la comunicación como una herramienta más para mantener un clima laboral favorable.

La actitud positiva en la comunicación es un elemento esencial en la generación de un clima laboral propicio para el logro de objetivos, un crecimiento constante del personal y de la organización en general.

"La comunicación con respeto, es la vía más corta hacia la construcción de una armonía laboral ideal".

Colaboración

Trabajo en equipo

Este es uno de los aspectos más importantes para lograr un clima laboral positivo, pues la colaboración significa, trabajar juntos en armonía, pero la clave para que se logre este aspecto de la manera adecuada consiste en

Conocer las debilidades y fortalezas, talentos y limitaciones, gustos y disgustos de nuestros compañeros para complementarse, es decir, encontrar la manera de amoldarse unos con otros en los equipos de trabajo para poder colaborar todos juntos y crear una solidez tal, que permita fluidez en los procesos y el logro de objetivos de una manera inteligente en un entorno de gente dispuesta a trabajar en equipo, en vez de dividir.

La colaboración también consiste en tener la iniciativa de ayudar a quien lo necesite por el gusto de hacerlo y encontrando satisfacción en hacerlo.

Liderazgo

El liderazgo es una cualidad que desafortunadamente no todas las personas pueden desarrollar porque depende de tener ciertas características como:

- Actitud de servicio, no de poder
- Inteligencia emocional
- Empatía
- Deseos de superación
- Amplia disposición de apoyar a los demás
- Seguridad en sí mismo
- Gran capacidad de transmitir entusiasmo
- Motivador con el ejemplo, no con autoridad

Si logramos desarrollar en nuestros líderes estas cualidades, podremos estar seguros que contaremos en nuestro equipo con líderes que conducirán a su equipo de trabajo al logro de objetivos y a desarrollar al personal explotando todas sus capacidades y lo más importante, será un importante agente de cambio.

El desarrollo personal debe ser un trabajo realizado en conjunto entre los líderes y el área de Capacitación y Desarrollo.

La descripción de puestos y los perfiles requeridos por la empresa, sobre todo en los puestos clave donde se requiere personas con amplias habilidades de liderazgo, deben ser totalmente apegadas a los valores y a la filosofía de la empresa, esto ayudará en gran medida a que se cuente entre el equipo de líderes con personas con una actitud positiva que genere un buen clima laboral.

Un verdadero líder, se olvida de ser jefe y se ocupa de formar nuevos líderes, para crecer todos juntos."

Rasgo	Concepto equivocado	Concepto real
Carácter firme	Utiliza el enojo para causar temor y persuadir al trabajador a que trabaje como el quiere.	Debe utilizarlo para si mismo y mantenerse ecuánime en sus decisiones, siempre buscando un equilibrio emocional y mental para encontrar la mejor solución.
Estricto	Buen control de la gente, porque la obliga a trabajar, le gusta dar ordenes porque así se siente importante.	Debe ser estricto en hacer cumplir los valores de la empresa y no en obligar a los empleados a trabajar como el quiere, esa es la primera causa de desconfianza y desmotivación para los trabajadores.
No es amigo de sus subordinados	Así evita que le falten al respeto o abusen de su confianza.	La amistad es una consecuencia de la convivencia diaria, puede darse o no y es de manera espontánea, pero no se debe confundir la confianza y la disposición al trabajo en equipo que se traduce en compañerismo, con la amistad. Es obligación del jefe propiciar el compañerismo y la integración de todo su equipo de trabajo empezando por él mismo, este es otro factor de influencia en el clima laboral.

El desarrollo personal y liderazgo, se compone de tres factores principales:

•Adquisición de conocimientos y experiencia
•Desarrollo de habilidades
•Enriquecimiento de la cultura

Cumpliendo estos tres factores, se logra realmente un crecimiento personal y profesional de los trabajadores, pero desafortunadamente, es muy común en las empresas la creencia de que, si el jefe directo participa en la transmisión de sus conocimientos y experiencia a sus subordinados, y ayudarlos a desarrollar sus habilidades, éstos aumentarán sus posibilidades de alcanzar el mismo nivel y entonces los jefes verán amenazada su continuidad en el puesto.

Esta falsa creencia perjudica seriamente la posibilidad de crecimiento de toda la organización, ya que, en consecuencia, frena el desarrollo del personal de todos los niveles, y pocos directivos reconocen la necesidad de fomentar entre sus líderes la intención de continuar preparándose y propiciar con esto una sana competencia en la que todos buscan aprender más y ser más competitivos.

Los líderes en cambio, enseñan, pero no se quedan con lo que saben, sino que transmiten lo que saben mientras adquieren nuevos conocimientos y habilidades con lo que mantienen un crecimiento constante, pero cada uno con las bases con las que ya cuentan, el gran reto para los líderes es nunca detener su crecimiento para no dejarse alcanzar por sus subordinados, esta competencia genera personas en constante crecimiento.

Los cursos de capacitación parece ser la única manera que las empresas consideran para cumplir con el apoyo al crecimiento de los trabajadores, pero eso nunca será suficiente para la adquisición de conocimientos, pues los directivos deben asegurarse que sus líderes sean conscientes de su deber como verdaderos líderes y promover la transmisión de los conocimientos de manera cotidiana durante el trabajo.

En el desarrollo de habilidades del personal, es necesaria la participación de los líderes de la organización para lograr un crecimiento sostenido, ya que el desarrollo de habilidades en situaciones reales y cotidianas del trabajo diario, es una forma muy eficaz de aprender y que no se obtiene por asistir a cursos de capacitación.

Aunque en este caso, nos enfrentamos a la misma problemática cultural por parte de los líderes de no participar en el desarrollo de habilidades de sus subordinados y es necesario concientizarlos de que ésta es la única manera de generar un verdadero desarrollo de habilidades, para desempeñar mejor el trabajo.

Ambigüedad de intereses

Uno de los grandes secretos sobre cómo empezar a construir un clima laboral positivo, es procurar que los intereses de las personas que trabajan en la empresa sean en la medida de lo posible, lo más relacionados entre sí.

Después de leer los conceptos de la tabla siguiente, nos podremos dar cuenta si los intereses de los trabajadores y los de la empresa son afines o son opuestos, este ejercicio nos ayudará a identificar los ajustes que sean necesarios hacer, para disminuir la ambigüedad de intereses, todos son conceptos primordiales para generar un clima laboral positivo y mantenerlo así por un tiempo prolongado.

Ocupación	Busca una actividad productiva	Busca a alguien que quiera tener una actividad productiva	Disposición
Dinero	Retribución por el trabajo realizado	Utilidad por el trabajo realizado	Dinero
Prestigio	Busca consolidar su imagen como profesional efectivo	Busca consolidar su imagen como empresa hacia el exterior	Prestigio
Crecimiento	Busca escalar puestos dentro de la empresa	Busca expandirse y crear mayores oportunidades de negocio	Crecimiento
Reconocimiento	Busca que se le reconozcan sus logros para fortalecer su autoestima y mantenerla motivación	Busca personas dispuestas a esforzarse al máximo para destacar y conseguir logros dignos de reconocerse y recompensarse	Esfuerzo y sacrificio
Estabilidad	Busca contar con una fuente de ingreso por un tiempo prolongado, que le permita planear objetivos personales a corto y largo plazo	Busca personas que estén dispuestas a permanecer con la empresa en buenas y malas situaciones	Lealtad
Retos	Busca un lugar que le ofrezca la posibilidad de poner a prueba sus habilidades y conocimientos para alcanzar metas cada vez más altas	Busca personas decididas a superar las expectativas y lograr más de los que se espera de ellos por convicción propia y no por obligación	Ambición
Identidad	Busca encontrar afinidad con la imagen que proyecta la empresa con la propia	Busca personas que refuercen la imagen de la empresa en sus propias acciones	Orgullo
Conocimiento	Busca una empresa que le dé la posibilidad de adquirir los conocimientos necesarios para desempeñar mejor su trabajo	Busca personas que ya cuenten con los conocimientos para no perder tiempo en capacitarlos	Disposición
Compromiso	Busca una empresa que se comprometa a proporcionarle todo lo necesario para su desarrollo en cuestión personal y laboral como para no sentir la necesidad de buscarlo en otra empresa	Busca personas que se comprometan a emplear al máximo sus habilidades y conocimientos en beneficio de la empresa	Compromiso
Comprensión	Busca recibir un trato más de persona con necesidades y problemas y menos de empleado solo con obligaciones	Busca personas dispuestas a sacrificar necesidades y problemas personales por las necesidades de la empresa	Comprensión
Valores			Valores
Experiencia	Busca una empresa que le dé la posibilidad de adquirir experiencia en el desempeño de sus actividades	Busca personas que ya cuenten con la experiencia necesaria para cumplir con sus actividades y no tener que gastar tiempo en que la adquiera en la empresa	Experiencia
Desarrollo de habilidades	Busca una empresa que le ofrezca la posibilidad de tener a un líder como jefe para que le ayude a identificar y desarrollar sus habilidades	Busca personas dispuestas a buscar por sí solos la manera de desarrollar sus habilidades porque en la empresa no existen líderes inteligentes, solo jefes con carácter	Logros
Creatividad	Busca una empresa con directivos con visión que lo motiven a generar ideas creativas en beneficio de la empresa, pero que sepan reconocer y recompensar el esfuerzo para motivarlo a continuar utilizando su creatividad	Busca personas que tengan el interés de generar ideas creativas en beneficio de la empresa por motivación propia y para mantener su trabajo	Interés

Identifique los intereses de sus trabajadores, los perfiles que busca en los nuevos elementos y los intereses de su empresa.

En la medida que logre empatar los intereses mutuos, se habrá dado un gran paso hacia la construcción de un clima laboral ideal.

Muchos empresarios piensan que lo más importante para la empresa, debe ser los intereses de la empresa antes que los de los trabajadores, lo más inteligente es buscar como todo en la vida, un equilibrio de intereses entre el empresario y sus trabajadores, para crear un verdadero sentido de compromiso y no solamente la obligación de cumplir con el trabajo sin ninguna motivación.

Capítulo 2

Cultura Organizacional

Conceptos de Cultura Organizacional

La Cultura Organizacional se puede entender desde varios ángulos, pero en una explicación sencilla, podríamos decir que:

Es lograr la fusión de ideas y actitudes que generan una forma armónica de trabajar en conjunto, siguiendo todos las mismas reglas, para jugar el juego del trabajo organizado.

Para lograr esa fusión, podemos partir de tres elementos, para de ahí continuar expandiendo nuestra visión, y así poder entender cómo crear una cultura organizacional que nos permita construir un entorno laboral bien sustentado en clima laboral y productividad ideales, para el cumplimiento de objetivos e impulsar el crecimiento, y a partir de ellos, conforme se enriquece la cultura organizacional de la empresa, ir agregando todos los demás elementos que hacen falta para lograrlo.

Éxito compartido

Es la manera en que un directivo, una vez que se ha conseguido el éxito esperado, se muestra agradecido y reconoce el esfuerzo de todas las personas que se comprometieron con él, se sacrificaron con él y creyeron en sus ideas.

Se puede manifestar de varias formas, no sólo con una retribución económica, pueden ser viajes, regalos, días de descanso, apoyo financiero para estudios, etc.

Es también la manera en que un compañero reconoce y felicita a otro compañero por su éxito, en vez de sentir envidia y buscar fallas en lo que logra, como comúnmente ocurre.

Cómo ejemplo hagamos un ejercicio sencillo respondiéndose a sí mismo las siguientes preguntas:

¿Cuantas veces ha felicitado usted sinceramente a un compañero de trabajo o cuantas veces recuerda haber visto a algún compañero reconocer y felicitar a otro compañero o jefe, o directivo, de manera sincera y de forma totalmente espontánea por un logro cualquiera que sea, o simplemente por hacer bien su trabajo?, seguramente muy pocas veces o ninguna, y es porque éstas son acciones y costumbres, que lamentablemente no existen en nuestra cultura organizacional actual.

Es más fácil criticar o sentir envidia o coraje por quien tiene esos logros, cambiar esas actitudes, además de contribuir de manera directa a generar un buen clima laboral, también da un giro importante en la cultura organizacional de la empresa.

Respeto mutuo

El respeto mutuo es un valor que sirve como eje principal para que las personas interactúen de una forma adecuada, pues sin respeto, simplemente no hay nada, no hay confianza, ni buena comunicación y mucho menos compromiso de ningún trabajador, el respeto fortalece las relaciones humanas, nos da la posibilidad de ser mejores personas y poder lograr nuestros objetivos personales y en conjunto con los de la empresa.

Pero ese respeto tiene que ser en ambas direcciones, pues si sólo es en una sola dirección, en algún momento se romperá y vendrán las dificultades que invariablemente impactarán en el clima laboral.

Para empezar a crear una cultura organizacional ideal con bases más sólidas, los directivos deben iniciar por sentir y tratar con respeto a todos sus trabajadores desde el nivel más bajo, hasta el nivel más alto, todos merecen un trato con respeto, un saludo sincero y amable, todos tenemos el mismo valor como personas.

Los trabajadores de igual forma, deben sentir y tratar con respeto a sus directivos, para ser más claros, el respeto mutuo, tiene que ver con el grado de tolerancia con el que se convive a diario entre un grupo de personas con muchas diferencias entre sí y todo influye en el clima laboral durante una jornada de trabajo.

Respaldo en el trabajo

Significa poder confiar en nuestros compañeros para que cada uno desde sus funciones y responsabilidades engrandezca y valore el trabajo de los demás, aparte del suyo, esto es el trabajo en equipo con todo su potencial, es crear armonía y sentido de responsabilidad compartida y no sólo de uno mismo, para que el trabajo fluya y los objetivos se alcancen.

La Cultura Organizacional y sus fortalezas

Podemos hablar de una cultura organizacional deficiente, cuando en una empresa no se ha logrado amoldar las dos partes de las que se conforma:

Cultura:
Ideas, costumbres, creencias, conocimientos, experiencias, hábitos, etc.

Organización:
Grupo de personas con diferente cultura, realizando actividades que deben armonizar y sincronizar en tiempos y formas para lograr un mismo fin.

El gran reto es entonces, encontrar la manera de amoldarlos de forma tal, que la organización prevalezca a la cultura, hasta lograr un acuerdo de voluntades y una sincronización de las emociones.

¿Qué se requiere para conformar una cultura organizacional óptima?

Liderazgo:

Juega un papel preponderante en la conformación de una cultura organizacional ideal, son los precursores del desarrollo y crecimiento de las empresas, pues como ya lo expliqué anteriormente, sin líderes no hay motivación, no hay aprendizaje, no hay actitud positiva, no hay acuerdos, no hay organización, la fortaleza o debilidad de una empresa, depende en gran medida de sus líderes en puestos clave.

Planeación:

Es necesario en todo momento saber hacia dónde vamos, qué tiempo necesitamos para llegar y cómo utilizaremos ese tiempo para aprovecharlo al máximo.

Organización:

Es la forma en que se divide en las tareas de acuerdo a las habilidades, conocimientos y experiencia de cada miembro del equipo, para que cada uno haga uso de sus capacidades y desempeñe las tareas de manera más eficiente, en los tiempos y formas establecidas en la planeación.

Comunicación:

La forma de saber que todos vamos hacia el mismo objetivo, es comunicarnos en todo momento, sobre lo que va sucediendo o lo que pueda suceder para bien o para mal, expresar opiniones, quejas o sugerencias que puedan aportar algo positivo para mejorar o corregir algo, pero nunca quedarse callados.

Todas las empresas son diferentes y cada una funciona a su manera, hablo de la diversidad que existe en el mundo para crear una cultura organizacional.

Lo importante es que cada empresario encuentre lo que se adapte mejor a su filosofía o a su idea de negocio, pero entendiendo que dependiendo de la que elija, será el impacto negativo o positivo en el clima laboral y por supuesto en la productividad y el nivel de satisfacción de los trabajadores.

Organización y Estructura

Organización:

La organización se compone por los elementos que una empresa emplea para ser funcional, como los procesos, las políticas, las instalaciones, los planes de trabajo, las áreas y sus funciones definidas, los flujos de información, puestos y perfiles, planes de capacitación y desarrollo, etc.

Los niveles de organización sirven para identificar las distintas responsabilidades y roles entre las personas que laboran en la empresa.

Se inicia por definir a los directivos, es decir, las personas encargadas de tomar las decisiones críticas de la empresa, que analizarán cada situación que pueda afectar los intereses y el rumbo de la empresa, así como detectar las oportunidades de crecimiento y aprovecharlas de la mejor manera, serán los responsables de guiar a todo el equipo de trabajo hacia un mismo camino.

Después en los niveles gerenciales, quiénes recibirán las indicaciones sobre las nuevas decisiones y que serán los responsables de planear la manera más eficiente y eficaz de llevar a cabo las actividades que le den forma a las nuevas decisiones y lograr los objetivos solicitados por los directivos.

Por último, los trabajadores operativos, son los responsables de ejecutar las tares.

En la figura siguiente se muestra un ejemplo de los niveles de organización principales, las flechas indican que no solamente en el nivel operativo están las oportunidades de mejora, debe estar en los tres niveles, pues es común que los directivos crean que ellos no necesitan mejorar, dejando esa responsabilidad solamente a los trabajadores.

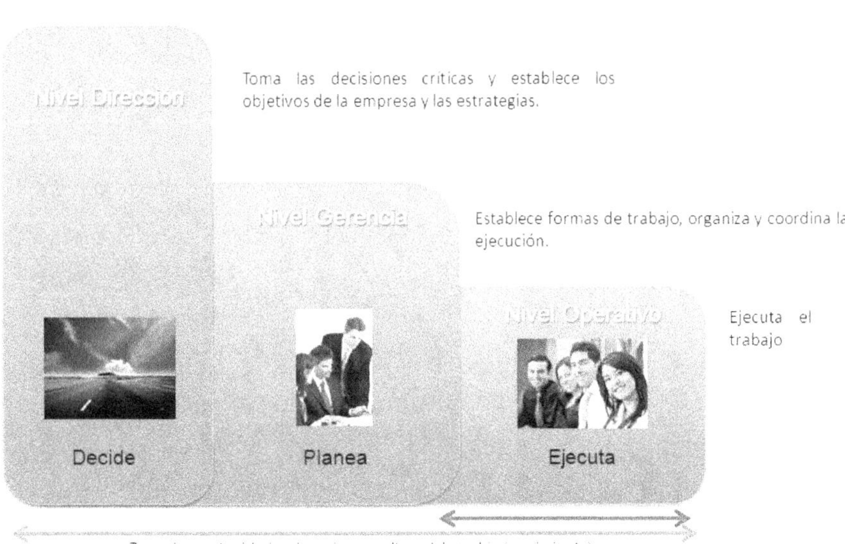

Nivel Dirección – Su influencia en el clima laboral será con la clase de decisiones que se tomen, no sólo pensando en el beneficio de la empresa, sino también en el beneficio de los trabajadores que son quienes finalmente ejecutarán las decisiones, por lo tanto si ellos no se sienten motivados, no ejecutarán las decisiones de la forma esperada y no se cumplirá el objetivo, la manera en que comuniquen las indicaciones a los niveles inferiores será fundamental no solamente para un buen entendimiento de las ideas si no

Para lograr el impacto de conciencia requerida y que ese mismo efecto se propague al nivel operativo.

Nivel Gerencia – Su influencia en el clima laboral será quizá la más importante por ser el enlace entre los directivos y los trabajadores de nivel operativo, son los que reciben las indicaciones sobre las nuevas decisiones y a la vez, son los que deberán organizar a las personas para llevar a cabo las actividades necesarias, por esa razón, deberán poner especial cuidado en la actitud que tendrá con sus colaboradores con liderazgo inteligente.

Será enérgico cuando tenga que serlo, pero siempre con respeto, y al momento de planear, deberá mostrar la suficiente habilidad para hacer trabajar a sus colaboradores en las actividades para las que tienen mayores cualidades y así aprovechar todo el potencial de cada uno, distribuyendo el trabajo de manera equitativa sin descuidar el aspecto de ajustarse a los tiempos, con el suficiente equilibrio mental y emocional para llevar un buen control en el día a día manteniendo la armonía.

Nivel Operativo – Su influencia en el clima laboral será primero en crearse en sí mismos la conciencia de cumplir con su trabajo, con el compromiso por convicción de esforzarse al máximo, manteniendo el equilibrio mental y emocional adecuado para propiciar una relación si no de amistad, ya que no es indispensable, si una relación madura e inteligente de confianza y colaboración con todos sus compañeros, con su jefe directo y con los directivos, que permita trabajar con sinergia, para que el trabajo fluya y se logren los objetivos de la empresa y los propios.

En la medida que se logren establecer estrategias de cultura del cambio y se lleven a cabo en todos los niveles y no sólo con el personal operativo como suele hacerse, se conseguirá un impacto positivo en el clima laboral pues cada persona desde el desarrollo de sus propias actividades, contribuirá en construir un ambiente de armonía y respeto, que aunque no se estará exento de que se susciten conflictos, porque es parte de la convivencia diaria en una empresa durante varias horas al día, la resolución de los conflictos será más sencilla porque todos tendrán la misma voluntad de resolverlos aportando ideas y soluciones.

Estructura

La estructura se conforma de dos factores:

La no palpable donde se toma en consideración la filosofía de la empresa y en la manera en que es transmitida a los trabajadores por medio de la Misión, Visión, Valores y Objetivos tanto individuales como en común con la empresa.

La palpable, en la que se toma en cuenta los inmuebles, las instalaciones, equipamiento, mobiliario y todo lo necesario para el desempeño de las actividades y se complementa con el aspecto anterior de "Organización"

Una empresa debe cimentar su estructura con bases firmes no sólo en infraestructura, es decir, la parte física, sino también la parte lógica y emocional que regirá el comportamiento de las personas que laboren en ella, para construir un clima laboral positivo.

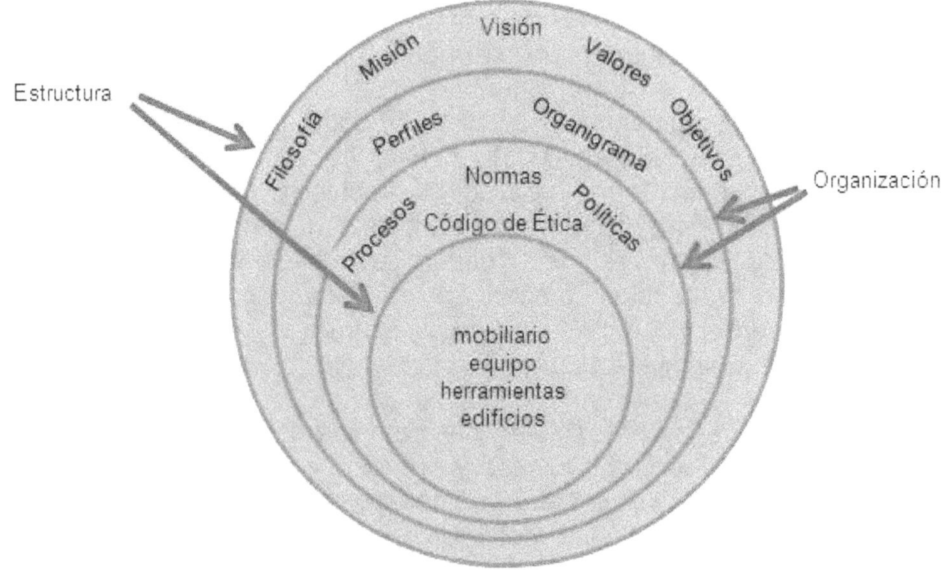

Congruencia

La congruencia se refiere a la manera en como la empresa pone en práctica su filosofía y sus valores en relación a la estructura con la que pretende funcionar y enfrentar los retos para lograr el éxito esperado y se refiere también a elegir a las personas idóneas para lograrlo.

La mayoría de las empresas, se preocupa más por crear perfiles de puesto con más peso en conocimientos y experiencia y menos o nada en la parte emocional, mental y de actitud.

¿Y por qué enfocarse más en un perfil mental y emocional?, la razón en la que se basa esta teoría es muy simple, es mucho más fácil enseñar a quien le falta conocimiento, que tratar de cambiar la mala actitud y los conflictos mentales y emocionales en una persona adulta.

Por esta razón, propongo romper paradigmas y darle el mismo peso o más al equilibrio mental y emocional, y crear perfiles de puesto de acuerdo a la Misión, Visión, Filosofía y valores de la empresa, antes que, a los conocimientos y experiencia, el resultado sería más favorable, pues se estaría asegurando contar desde el principio con el personal adecuado para construir y mantener un clima laboral positivo.

En las relaciones humanas como todos sabemos, en cualquier momento surgen conflictos, pero si se cuenta con personas mental y emocionalmente preparadas y dispuestas a crear y mantener un clima laboral positivo, (porque así fueron seleccionadas desde el principio), será más fácil la resolución de los conflictos, y por supuesto serán personas que aprenderán más rápido a hacer mejor su trabajo.

"No contrate genios peleados con el mundo, mejor contrate amigos del mundo y conviértalos en genios".

Esta es una medida digna de tomar en cuenta desde el principio, porque la consecuencia de no hacerlo la conocemos todos, pues ha sucedido y sucede en todas las empresas cuando ya la situación se sale de control, lo único que queda por hacer es despedir gente que nunca debió ser tomada en cuenta y tener que realizar las incómodas pero necesarias reestructuras que al final son costosas en dinero y en tiempo, dejando en muchas ocasiones relaciones muy lastimadas y muy frecuentemente conflictos legales que parecen no tener fin.

Todo eso se puede evitar si se hace un buen trabajo de reclutamiento y selección de personal con una idea diferente.

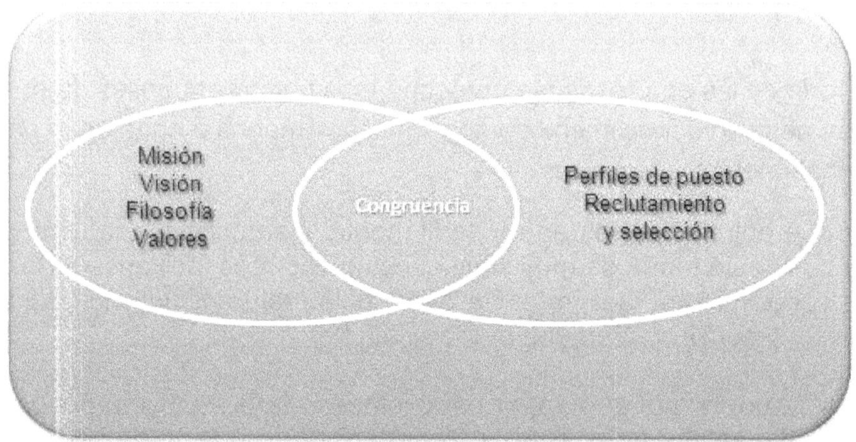

Misión

Todos sabemos que la Misión de una empresa es la razón de existir, pero también intenta explicar la forma en la que se brinda el servicio que se ofrece o el producto que se fabrica para cubrir una necesidad, por lo tanto

Se debe tener muy claro el tipo de gente que por su perfil psicológico y emocional más que por la experiencia, podrá cumplir con esa misión.

Y eso se logra creando perfiles y descripciones de puesto adecuados y un proceso de reclutamiento y selección eligiendo a los mejores candidatos que estén más cercanos a la Misión.

Si la Misión de nuestra empresa habla de dar un servicio de excelencia, entonces debemos enfocar nuestra atención en atraer talento con grandes cualidades de trato personal, facilidad de palabra y calidad humana, en resumen, personas con un buen equilibrio mental y emocional.

Si la Misión es más enfocada al desarrollo de tecnología o fabricación de algún producto, el enfoque correcto sería atraer talento con más cualidades creativas y con gran capacidad de análisis.

Estos conceptos pueden parecer muy obvios, pero en muchas ocasiones he tenido la oportunidad de observar a personas desempeñando algún puesto en una empresa y que, al analizarlo detenidamente, me daba cuenta de que ni la Misión de la empresa, ni la descripción del puesto, ni el perfil de la persona, tenían alguna relación entre sí, interesante, ¿no?

Desde luego no debemos dejar de tener en cuenta que dependiendo el departamento y la actividad del mismo, es el perfil que se debe buscar, me refiero a ciertas cualidades que deben estar presentes en todos los perfiles requeridos para cada actividad y asegurar la congruencia de la clase de personas que trabajarán en la empresa, que sean capaces de cumplir con la Misión.

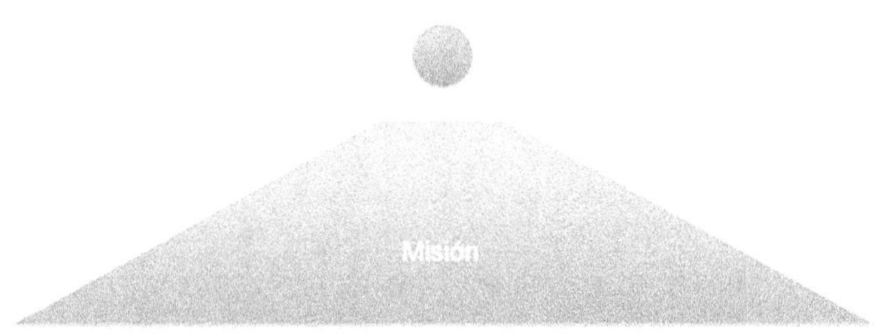

Visión

La Visión de una empresa debe ser una meta bien definida a largo plazo, pero sólo se podrá llegar a ella si el personal en el que la empresa confía

Para lograr esa meta está lo suficientemente capacitado, motivado y comprometido.

Para cumplir la Visión, se necesita de una planeación completa de tiempo y organización, pero también van implícitos los factores de motivación, compromiso, capacitación y esfuerzo constante para llevar a cabo el proceso hasta lograr la meta establecida como Visión.

De igual manera la descripción de los puestos, el perfil de las personas y la Visión, deben tener un alto porcentaje de congruencia, pues será más fácil trabajar con personas que por convicción propia hagan su esfuerzo y conduzcan a la empresa a cumplir la Visión, que trabajar con personas a las que hay que obligar con amenazas, o con políticas de castigos, en pocas palabras obligarla para que haga su trabajo y tardar más tiempo en cumplir con la Visión o incluso nunca cumplirla.

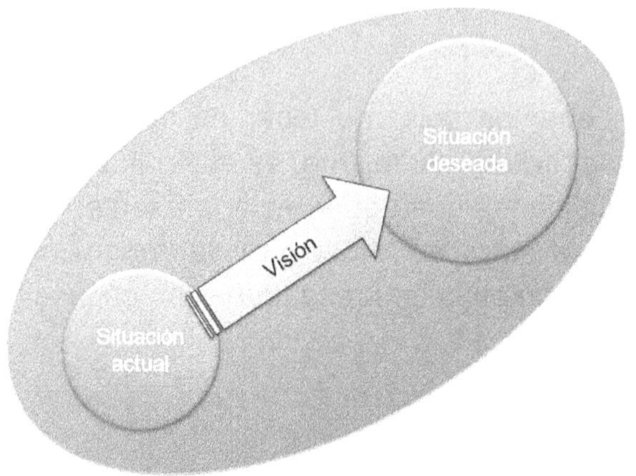

Filosofía

Es la idea concreta sobre la forma en la que funcionará la empresa hacia su interior, la forma de interactuar entre las personas que en ella trabajan.

La filosofía va ligada a la mentalidad de cada empresario que decide crear una fuente de ingresos pero que al mismo tiempo, también crea una fuente de trabajo para otras personas, entonces si la filosofía se basa en solamente generar grandes utilidades para la empresa, no será difícil pensar que la empresa estará destinada a generar utilidades pero con un clima laboral negativo, con un alto sentimiento de frustración por parte de los trabajadores, porque lo único que importará será el dinero y no las personas.

Por otro lado, si la filosofía se basa en impulsar el desarrollo de las personas y crearles un ambiente laboral positivo, en otras palabras, lo más importante es primero las personas, crearemos el escenario ideal para que se produzca el efecto parecido al que se conoce como "Las vacas felices producen más leche", que si lo traducimos a nuestro tema, los trabajadores felices, trabajan más y mejor.

La clave para tener el éxito esperado, está en encontrar el equilibrio perfecto de manera que tengan la misma importancia las ganancias y las personas.

Cada empresario y directivos responsables de tomar las riendas de una empresa, elegirán la filosofía en la que se basarán para lograr el éxito esperado de sus empresas.

Desde mi punto de vista, el éxito de una empresa se podría basar en estos principios básicos:

- Debe atender una necesidad social
- Debe respetar el medio ambiente
- Debe generar empleo digno
- Debe crecer y hacer crecer a sus trabajadores
- Debe generar utilidades y pagar impuestos
- Debe aportar un beneficio al propietario
- Debe aportar un beneficio a los proveedores
- Debe aportar un beneficio a los clientes
- Debe aportar un beneficio a la sociedad
- Debe aportar un beneficio a su ciudad
- Debe aportar un beneficio al país

La filosofía empresarial enfocada al clima laboral:

Como deseamos que sea nuestra gente:

<u>Con desmotivación:</u>

Estrategia: amenazas, regaños, gritos, humillaciones, burlas, críticas destructivas, hostigamiento.

Resultado: mal clima laboral, rotación de personal, baja productividad, tiempo de vida corto de la empresa.

<u>Con motivación:</u>

Estrategias: capacitación, recompensas, reconocimientos, felicitaciones, respeto, presión de trabajo con criterio.

Resultado: buen clima laboral, estabilidad del personal, alta productividad, tiempo de vida largo de la empresa.

Como deseamos que sean nuestros líderes en los puestos de responsabilidad y gente a cargo:

<u>Jefe prepotente:</u>

Estrategias: regaña, grita, humilla, se burla, critica, bloquea el desarrollo.
Resultado: mal clima laboral, rotación de personal, tiempo de vida corto de la empresa.

<u>Líder inteligente:</u>

Estrategias: enseña, recompensa, reconoce, felicita, respeta, impulsa el desarrollo.

Resultado: buen clima laboral, confianza, motivación, compromiso, estabilidad del personal, tiempo de vida largo de la empresa.

Valores

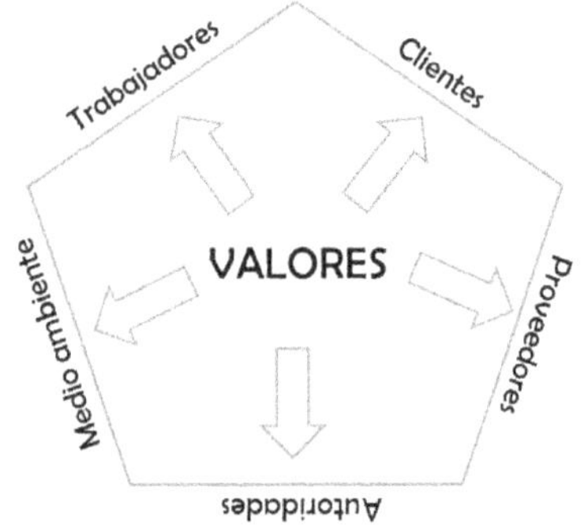

Antes de elegir los valores con los que se regirá la empresa, o en su caso, redefinirlos si ya existen, se deberá hacer conciencia de cuáles serán los que más se adapten a la filosofía de la organización y que influirán

Directamente en todas las relaciones laborales y comerciales de la organización.

Pero, la preguntas si realmente los empresarios y directivos se han detenido a analizar si los valores que una empresa pregona hacia los clientes y los empleados, tienen la misma proyección que se requiere para que éstos justifiquen su razón de ser.

Los valores no deben ser sólo un grupo de palabras que adornan una pared, o palabras que los trabajadores deben aprenderse de memoria pero que en la mayoría de las veces no ponen en práctica, si en las empresas se adoptaran los valores como un modo de convivir cotidianamente por todos

No sería necesario que el Desarrollo Organizacional interviniera para resolver problemas, solamente intervendría para mejorar.

Ejemplo:

Tomando como ejemplo el valor: "Honestidad", podemos decir que una empresa actúa con honestidad cuando no engaña a sus clientes sobre la calidad y precio de un producto.

Sin embargo, a sus trabajadores les oculta información importante para evitar "suspicacias" y mantener el control sobre lo que su personal debe saber o no.

En el siguiente ejemplo se muestra la incongruencia en que comúnmente se cae en las empresas porque los valores son incongruentes.

Entonces cuál debe ser la proyección correcta del valor "Honestidad":

Valor: HONESTIDAD

Sólo así se puede hablar de que la empresa se rige verdaderamente por valores, con una proyección total y justificando su razón de ser.

El empresario o directivo

¿Qué busca un directivo en un trabajador?

Buscan personas que no tengan en mente tan sólo tener un trabajo para subsistir, buscan personas profesionales que tengan metas claras en su vida y que tomen su trabajo como un medio para aportar algo a la sociedad, que tengan el deseo de formar parte de una organización no solo como empleados que lo único que les preocupa es cobrar sus días trabajados, sino como verdaderos colaboradores, que contribuyan a fortalecer a la organización con compromiso y esfuerzo constante, en pocas palabras, gente dispuesta a "dar" y "recibir".

Recomendaciones para los directivos en favor de un clima laboral positivo

Inversión

Es muy fácil caer en la creencia por parte de los directivos que una inversión es más bien un gasto que procuran evitar a toda costa, ya que en su opinión, lo hacen para "cuidar el ingreso de la empresa" y gastar lo menos posible, pero si ésta fuera una teoría correcta, no existirían directivos exitosos que con una visión más amplia sobre cómo llevar el rumbo de sus empresas, minimizan gastos si, pero también invierten más porque saben que lo que gastan no lo recuperarán, pero lo que invierten con inteligencia regresará en mayor cantidad.

Al hablar de inversión me refiero a todos los rubros en los que es necesario "arriesgar" un poco de las utilidades en aspectos muy importantes y de gran impacto hacia el interior de las empresas, es decir, en la gente, en el capital humano, esas personas que deciden dejar de ser dueñas de su tiempo y que todos los días dejan a sus familias para dedicarse a la empresa en cuerpo y alma durante varias horas y cumplir con su obligación lo mejor posible, son una forma inteligente de invertir.

De qué sirve tener grandes directivos, si no se cuenta con grandes trabajadores, sería como tratar de usar un auto con un excelente piloto como director, pero con el motor averiado, es decir, tenemos quien conduzca (directivos), pero el motor que hace que camine, (trabajadores), no pueden hacerlo como deberían, la única manera de moverlo es empujándolo, igual que una empresa mal dirigida y con un capital humano deficiente.

La solución a éste problema es muy sencilla, reparar el motor y de ser posible hacerlo más potente, algunas sugerencias para invertir podrían ser:

- Invertir en la medida de lo posible para proveerles de instalaciones y equipo adecuados para el desarrollo de su trabajo
- Invertir en escuchar sus necesidades y hacerlos participes en propuestas de solución a los conflictos
- Invertir en darles un trato más de persona con intereses y necesidades y menos de trabajador con obligaciones
- Invertir en proporcionarles la posibilidad de desarrollarse y crecer dentro de la empresa con programas de capacitación constante, planes de vida, planes de sucesión y reemplazo

El retorno de esa gran inversión, será generando compromiso y motivación a un trabajador que será retribuido a la empresa con mayor productividad, excelente clima laboral, alta calidad en el trabajo, cumplimiento de metas, crecimiento sostenido y obviamente mayores utilidades.

Otras recomendaciones:

- Los trabajadores no son enemigos o poco valiosa, son personas con sentimientos y necesidades que requieren de la ayuda de la empresa, son muy importantes, no olvidar que son el motor de la empresa.

- En la actualidad, ya no es útil darles la responsabilidad a los trabajadores de expresar lo qué está funcionando mal en la empresa con las encuestas de clima laboral que nunca ofrecerán los resultados esperados, más bien el directivo debe ser el primero en saber qué se está haciendo mal, ser más autocríticos, sólo hay que actuar con criterio y visión.

- Tomar las decisiones del rumbo de la empresa con un sentido de responsabilidad social, nunca pensar que los interese de la empresa son lo único que importa, los que han pensado así, hoy tienen sólo un recuerdo de sus empresas, las decisiones se toman considerando todos

- Los aspectos que influyen en el desarrollo y futuro de la empresa, dinero, objetos, pero, sobre todo, personas.

- El dicho "ganar, ganar" es una gran verdad, si a los trabajadores se les da poco, la empresa recibirá poco de ellos, si los trabajadores reciben más, la empresa obtendrá mucho de ellos.

Es posible pensar que es arriesgado porque siempre habrá personas que lejos de valorarlo, abusen de esa situación y desafortunadamente también es verdad, pero recordemos algo de lo que hablamos en el capítulo anterior, sobre elegir desde un principio, qué tipo de gente invitaremos a trabajar en la empresa, gente consiente, no abusiva.

Un buen clima laboral comienza desde un saludo cortés o por lo menos una expresión facial amable, un nivel jerárquico dentro de la empresa no debe ser condicionante de mostrar educación y respeto hacia los demás, aunque no tengan un puesto importante.

Quien lo piensa así, demuestra inseguridad, pues esas personas creen que un puesto de alto nivel es lo que los hace importantes, pero no es así, somos importantes por lo que somos internamente y el cómo lo proyectamos al exterior.

"En el mundo no hay personas más valiosas que otras, sólo personas con un alma egoísta y una creencia equivocada"

¿Qué busca un trabajador en una empresa?

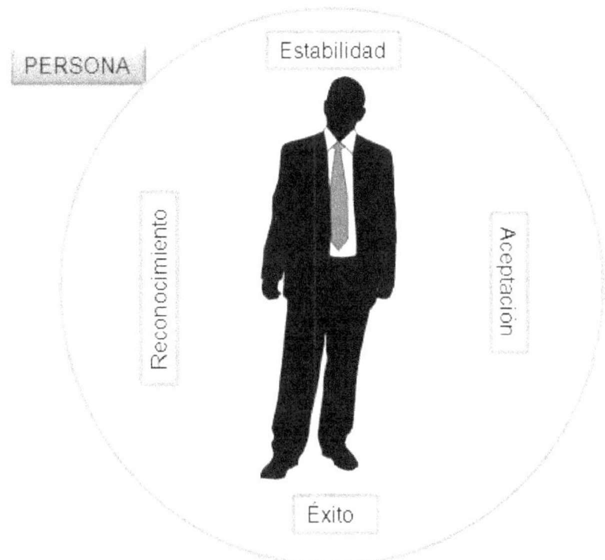

Las personas buscan en un empleo cubrir necesidades de distinta índole y no sólo una compensación en dinero por su trabajo, el punto es saber hasta dónde la empresa está dispuesta a tomar en cuenta estos aspectos con su personal, entendiendo que deben ser el elemento principal de una organización que tiene como propósito un crecimiento sostenido y el logro de objetivos, ya que son aspectos cruciales para un clima laboral positivo.

Estabilidad:

Es la necesidad de permanencia en un lugar que le proporciona tranquilidad y seguridad de cara al futuro inmediato, para realizar planes a corto y largo plazo, en el ámbito personal y profesional.

Aceptación:

Es la necesidad de integración de una persona a un entorno social y laboral, en el que puede crear lazos de confianza con compañeros de trabajo y amigos.

Reconocimiento:

Es la necesidad de mantener una alta autoestima y seguridad en sí mismo, por el logro de objetivos que se le reconocen públicamente.

Éxito:

Es la necesidad de experimentar la sensación de logro por superar retos y muestra de capacidad para elevar la confianza en uno mismo y su imagen hacia los demás.

Recomendaciones para los trabajadores en favor de un clima laboral positivo

- Analizar las propias actitudes antes de juzgar las de los demás.

- El jefe no tiene porqué ser enemigo, es una persona con muchas responsabilidades y preocupaciones que confía en su equipo, que necesita de su ayuda para que juntos logren los objetivos.

- Si algo parece injusto, primero averiguar las razones, si aun así parece injusto, proponer soluciones en vez de actuar con negligencia o rebeldía, esa actitud no sólo afecta a la empresa, afecta la propia imagen como profesional.

- El clima laboral lo generan todos, en todos los niveles, empezar uno mismo en hacer por los demás, lo que esperamos que hagan por nosotros.

- No buscar culpables, si algo sale mal, es perder tiempo valioso y nos hace ver como alguien que no sabe trabajar en equipo, mejor buscar soluciones, aportando ideas, nos sentiremos mejor con nosotros mismos y causaremos una mejor impresión entre los compañeros.

- Asumir un compromiso real en el trabajo, no tomarlo sólo como un medio de subsistencia, los esfuerzos siempre se verán recompensados de alguna manera, pues si a la empresa le va bien, también a los trabajadores les irá bien.

- Los directivos siempre tratan de tomar las decisiones más adecuadas en bien de la empresa, en ocasiones parecerán injustas, pero antes de juzgar pensemos que ellos arriesgan mucho dinero y prestigio para que

La gente tenga trabajo, si aun así sentimos que algo no está bien, externarlo, en un derecho, pero con inteligencia y respeto, si es razonable la postura, tendremos más posibilidades de ser escuchados y tomados en cuenta, así seremos parte de la solución y no parte del problema.

- Apoyar a los compañeros, aprendamos a desarrollar en nosotros mismos el sentir satisfacción de ayudar a los demás, nos engrandece como personas y las recompensas llegan en varias formas.

- Respetar la personalidad de los compañeros, es imposible que todos pensemos y actuemos de la misma forma, se trata de desarrollar la capacidad de adaptarse a las circunstancias, recordemos siempre que no existe el lugar perfecto para trabajar, ni los compañeros perfectos, ni el jefe perfecto.

- Si la empresa hace el esfuerzo de darnos más de lo que está obligada a dar para nuestro bienestar, debemos valóralo, no cometer el error de abusar de esos beneficios, cambiemos esa cultura del desperdicio y el abuso de lo que no nos cuesta, recordemos que el cambio empieza por uno mismo.

- La empresa podrá invertir en capacitación y desarrollo, pero debemos entender que es una responsabilidad compartida, ocuparse de uno mismo y capacitarnos de la forma que sea posible, además de la capacitación que recibamos por parte de la empresa, investigar, preguntar, involucrase, leer libros, asistir a conferencias, nuestro desarrollo no es sólo responsabilidad de la empresa, también es nuestra.

- No exigir lo que no nos hemos ganado con resultados, no debemos sentirnos merecedores antes de tiempo, que sea el trabajo, la actitud y logros en la empresa los que hablen y así las posibilidades son mucho mayores de obtener lo que pedimos.

- El jefe no debe ser un blanco de críticas y burlas a escondidas, si sentimos que el jefe no tiene la suficiente capacidad, hay formas de expresarlo, con respeto e inteligencia, incluso considerar un cambio de funciones, un cambio de área o si la situación es complicada de resolver, simplemente armarnos de valor y cambiar de trabajo.

Capítulo 3

Cambios de raíz

Los cambios de raíz son muy necesarios cuando descubrimos que algo anda mal y es necesario actuar para remediarlo, o bien, para prevenir que suceda.

Son necesarios, porque son la manera más confiable de corregir algo asegurándonos de que el cambio sea definitivo.

A lo largo del tiempo, me he dado cuenta que los cambios de raíz no suceden por varias razones:

- Por no perjudicar ciertos intereses
- Por resistencia al cambio
- Porque representan una fuerte inversión de dinero
- Porque requiere dedicarle tiempo valioso.

Es importante crear conciencia de que los cambios superficiales sólo maquillarán los problemas, pero la realidad es que seguirán ahí causando conflictos.

Por lo tanto, debemos detectar los problemas que se pueden corregir con una solución superficial que no causará mayor inconveniente y cuáles problemas requieren de un cambio de raíz.

Para lograrlo debemos poder detectar qué origina un problema y buscar soluciones inteligentes que causen el menor impacto negativo posible, pues siempre se tendrá ese riesgo cuando llevemos a cabo cambios importantes para corregir problemas.

Cuando al final nos damos cuenta de que en nuestra empresa para mejorar el clima laboral se requieren cambios de raíz, debemos empezar por profundizar al máximo en la investigación que nos garantice poder detectar las posibles causas y estar dispuestos a asumir los riesgos que conlleva aplicar las estrategias necesarias para lograr los cambios de raíz.

Ahora analizaremos cuáles pueden ser los problemas más comunes en la mayoría de las empresas y las situaciones que pueden ser la solución y que requieren de un cambio de raíz:

<u>Si el problema es un trabajador</u>

Debemos averiguar si…

- Tiene alguna inquietud o algo que le molesta en su trabajo en el ámbito laboral.

- Tiene algún problema de tipo personal ajeno al trabajo que lo tiene intranquilo.

- Tiene algún problema de tipo personal con algún compañero de trabajo.

- Tienen algún problema de tipo personal con su jefe directo.

- No cumple con el perfil del puesto.

- Tiene tendencias agresivas.

- No es muy hábil para manejar sus emociones como envidias, resentimientos, celos o cualquier otro sentimiento negativo que le impida trabajar y relacionarse con sus compañeros de trabajo y jefes.

- No ha recibido capacitación de manera regular durante los últimos 6 meses.

- Las herramientas que la empresa le proporciona para el desempeño de sus actividades como equipo de cómputo, comunicación, mobiliario, iluminación, uniforme, papelería, transporte, etc., no son los adecuados.

- No se siente reconocido, ni motivado, ni escuchado.

- No realiza retroalimentación con su jefe directo en relación a su desempeño y los aspectos a mejorar.

- Su sueldo es inferior a la media del mercado o tiene pocas prestaciones en comparación con lo ofrecido por otras empresas.

- La empresa no le ofrece un plan de desarrollo o plan de vida

- Detecta tendencias de discriminación con él o sus demás compañeros

- Existe favoritismo por parte de los directivos

- Mal manejo de la comunicación interna por parte de la empresa

<u>Si el problema es un jefe</u>

Debemos averiguar si…

- Tiene alguna inquietud o algo que le molesta en su trabajo en el ámbito laboral.

- La carga de trabajo o la presión rebasa su capacidad de respuesta y planeación.

- Carece de habilidades de liderazgo.

- Bloquea el desarrollo de sus subordinados impidiendo que alcancen su propio nivel.

- Tiene algún problema de tipo personal ajeno al trabajo que lo tiene intranquilo.

- Tiene algún problema de tipo personal con algún compañero de trabajo.

- Tienen algún problema de tipo personal con su jefe directo.

- No cumple con el perfil del puesto.

- No ha recibido capacitación de manera regular durante los últimos 6 meses.

- Las herramientas que la empresa le proporciona para el desempeño de sus actividades como equipo de cómputo, comunicación, mobiliario, iluminación, uniforme, papelería, transporte, etc., no son los adecuados.

<u>Si el problema es un directivo</u>

Debemos averiguar si…

- Tiene alguna inquietud o algo que le molesta en su trabajo en el ámbito laboral.

- La carga de trabajo o la presión rebasa su capacidad de respuesta y dirección.

- Carece de habilidades de visión estratégica, planeación, organización, comunicación, inteligencia emocional.

- Bloquea el desarrollo de sus subordinados impidiendo que alcancen su propio nivel.

- Tiene algún problema de tipo personal ajeno al trabajo que lo tiene intranquilo.

- Tiene algún problema de tipo personal con algún compañero de trabajo.

- Tienen algún problema de tipo personal con su jefe directo.

- No cumple con el perfil del puesto.

- No ha recibido capacitación de manera regular durante los últimos 6 meses.

- Analizar su estilo de liderazgo.

- Analizar su estilo de comunicación.

- Analizar su capacidad de visualizar problemas y soluciones.

- Analizar su capacidad para dirigir equipos de trabajo.

- Analizar su comportamiento con subordinados de todos los niveles inferiores.

<u>Si el problema es un departamento</u>

Debemos averiguar si…

- Analizar los perfiles de todos los miembros.

- Analizar perfil y estilo de liderazgo del responsable del departamento.

- Reubicar o rotar al personal.

- Realizar entrevista individual con cada miembro.

- Redefinir funciones y responsabilidades del departamento.

- Realizar estudio de cargas de trabajo y la distribución adecuada del mismo

- Realizar análisis detallado de la posición en el organigrama por áreas de la empresa y en el Manual de Organización.

- Crear dinámicas de integración por parejas y rotar.

Si el problema es de toda la empresa

- Replantear la Misión, Visión y valores de la empresa.

- Redefinir la filosofía de la empresa.

- Realizar evaluación 360° entre todo el personal de la empresa.

- Redefinir descripciones de puesto y validar con los perfiles de los ocupantes actuales.

- Rediseñar organigrama.

- Analizar estilos de liderazgo de los directivos.

- Comparar tabla de compensaciones con otras empresas.

- Redefinir esquema de prestaciones al personal.

Promover actividades de integración del personal, como actividades
deportivas o recreativas.

- Reforzar el reconocimiento al personal por el logro de objetivos con
  incentivos de mayor impacto como viajes, bonos en efectivo, regalos,
  etc.

- Redefinir los programas de capacitación.
- Invertir en mejorar las instalaciones, equipo de cómputo, uniformes,
  mobiliario, decoración, iluminación, etc.

- Redefinir Políticas y Procedimientos.

- Redefinir sistemas de comunicación.

- Crear un área o contratar un responsable interno para generar
  estrategias de Desarrollo Organizacional.

- Solicitar apoyo de expertos en consultoría de Desarrollo Organizacional.

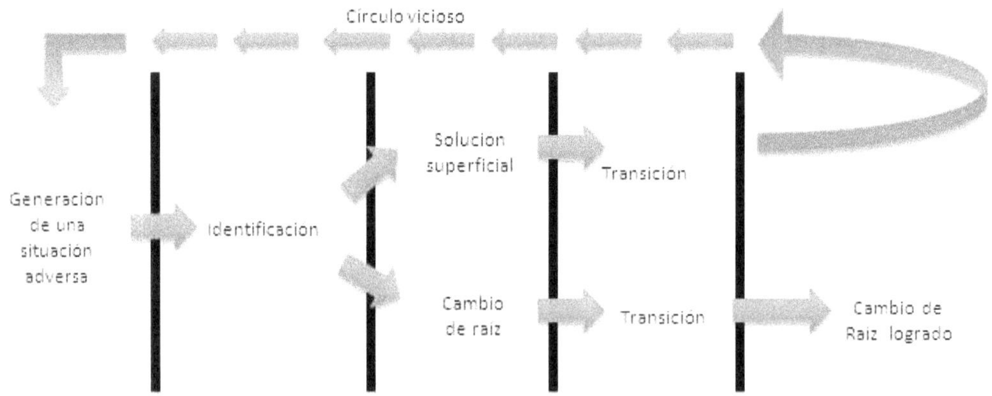

"Los cambios de raíz duelen al principio, pero después causan mucha
satisfacción".

Capítulo 4

Estrategias de cambio y mejora

Reclutamiento y selección de personal

Generar compromiso desde el principio

Por difícil de creer que pudiera parecer, el reclutamiento y el compromiso tienen una relación muy estrecha, es sólo que pocas personas tienen la visión para entenderlo y aplicarlo.

Todos sabemos que el compromiso por parte de los trabajadores es un factor fundamental para el cumplimiento de las metas tanto individuales como de la misma empresa, pero, ¿Cómo se logra desarrollar el compromiso en los trabajadores?, la mayoría de ellos esperan de su empresa algo más que recibir un sueldo, algo más que un empleo para cubrir sus necesidades, necesitan sentir que la empresa hace algo más para apoyarlos en su desarrollo personal y profesional.

Adquirir experiencia, conocimientos y habilidades, y así aplicar la regla de "ganar, ganar", pues la empresa gana con un trabajador altamente comprometido y el trabajador gana en obtener la posibilidad real de desarrollarse profesionalmente en su lugar de trabajo.

Hasta ahí todo va muy bien, pero lamentablemente, muy pocas son las empresas que están dispuestas a invertir en su capital humano, en estos tiempos las empresas buscan personas que ya hayan pasado por ese proceso, que la inversión haya sido hecha por otras empresas, pero debemos ser conscientes de que el compromiso de un trabajador inicia por la disposición que muestra una empresa en invertir en sus trabajadores.

El reclutamiento en la actualidad se ha convertido en un mecanismo destructor de compromisos y motivaciones, pues como ya lo dije antes, las empresas buscan personas superdotadas con capacidades extremas que sean capaces de ya saber "todo", para no tener que "gastar tiempo valioso" en darles la oportunidad de aprender en la empresa, en desarrollarlos y capacitarlos.

Simplemente los directivos no tienen la suficiente visión estratégica para entenderlo, y así se presenta el primer error de las empresas y los reclutadores en no generar compromiso en un trabajador nuevo, pues se le ofrece trabajo sí, pero eso ya no es suficiente, pues se le ofrece poco y se le exige mucho.

Las personas que acuden a un llamado de un entrevistador sabiendo que cumplen con todos los requisitos, y alguno finalmente es contratado, los directivos deben estar conscientes de que es muy probable que por ser alguien que no le debe nada a la empresa por su desarrollo, no se sentirá tan comprometido y se irá en cuanto tenga una mejor oferta sin ningún remordimiento.

¿Cuál es la falla?, que la empresa no haga nada por generar en él ningún sentimiento de compromiso por la razón ya explicada de no querer invertir tiempo en su desarrollo.

Causar buena impresión desde el principio

La actividad de reclutar personal es ni más ni menos la primera impresión que se crea de la empresa hacia el exterior, hacia los aspirantes, por lo tanto, desde la forma de publicar una vacante, ya se estará mandando un mensaje, que puede ser positivo o negativo de cómo es la empresa y su filosofía, o, dicho en otras palabras, lo que una persona encontrará si es aceptada para trabajar en la empresa.

Un claro ejemplo de esto, es el siguiente: ¿Cuántas veces el lector no se ha encontrado una oferta de trabajo en la que uno de los requisitos dice así?: "tolerancia a la frustración", interesante frase, si lo analizamos detenidamente.

¿Cuál es el mensaje oculto que se está dando al solicitante?

"Aquí la gente trabaja reprimida", "Aquí no nos importa si la gente no es feliz en su trabajo, pero lo tiene que hacer", "Aquí no hay líderes inteligentes, aquí tenemos jefes frustrados que generan frustración a sus subordinados para que trabajen".

Pero lo más difícil de entender, es que, al mismo tiempo, mencionan en la misma oferta de trabajo algo así como, "agradable ambiente de trabajo", lo que supone una contradicción.

Tenemos que entender que se debe ser muy cuidadoso en lo que se quiere comunicar, porque de otra manera, lo único que se consigue es dar un mensaje negativo de la empresa y los candidatos pueden crearse una idea equivocada de lo que encontrarán en ella.

Un mensaje de que no le importan sus trabajadores, y que sólo importa el resultado antes que las personas, no es necesario explicar que eso a la larga generará trabajadores frustrados, desanimados, sin compromiso y estarán esperando la primera oportunidad para irse.

Entonces la empresa caerá en otro de los grandes problemas de las empresas actuales, la rotación constante de personal y la fuga de talentos que a la larga resulta muy costosa, porque otros los aprovechan.

Y por supuesto será una buena razón para que un candidato pierda el interés por participar en el proceso de reclutamiento y selección y mucho menos por trabajar en la empresa, y como consecuencia, se perderán constantemente varios talentos sin siquiera haberlos conocido que otras empresas con una visión diferente si aprovecharán.

Líderes desde el principio

Las personas con la responsabilidad de dirigir a otras personas dentro de la empresa, son también las de mayor influencia en el clima laboral positivo o negativo, pues en ellos recae gran parte de la responsabilidad de mejorar y mantener un buen clima laboral.

Por eso mismo, contratar personal para niveles de mandos medios y superiores con rasgos de violencia y agresividad, con la creencia de que es lo que la empresa necesita para "obligar" a los trabajadores a cumplir con su trabajo, porque esos si son "jefes con carácter", es uno de los errores más comunes de los directivos y con lo que tal vez sin pensarlo, ya estarán destinando a su empresa a sufrir un clima laboral totalmente negativo.

Al contratar personal para cubrir puestos clave, se da más peso a la experiencia y conocimientos y menos al perfil que sea acorde a la Misión, Visión, Valores y Filosofía de la empresa.

Los conocimientos y la experiencia se adquieren, pero los valores y la integridad se desarrollan desde la infancia y si no se cuenta con eso ya en la edad adulta o en edad productiva, todos sabemos que después es muy difícil desarrollarlas, las personas con el perfil adecuado garantizarán el éxito esperado y el logro de todos los objetivos al mismo tiempo que se les apoya en su desarrollo personal y profesional, creando con esto mayor compromiso de las personas y con mucho menos problemas para la empresa.

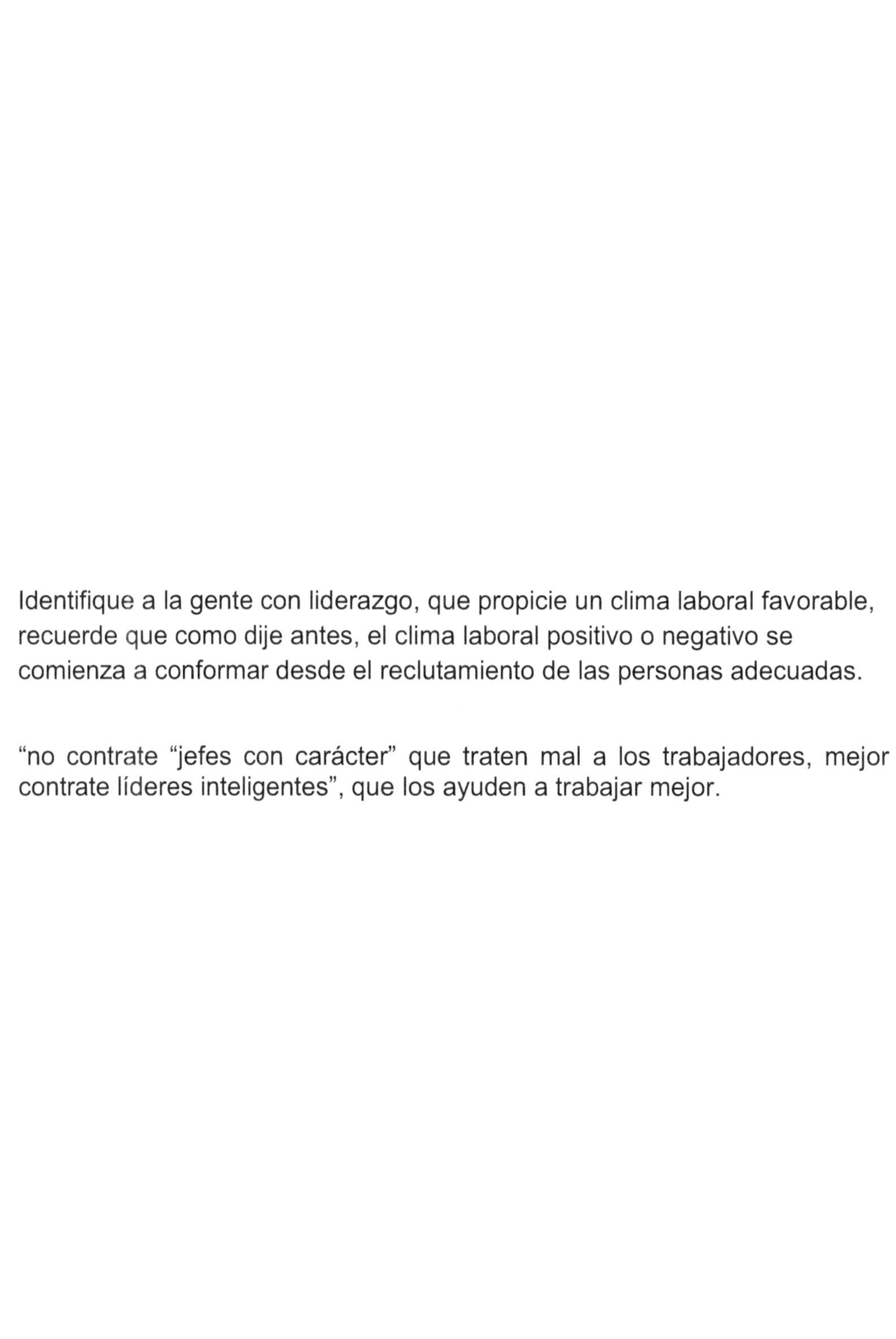

Identifique a la gente con liderazgo, que propicie un clima laboral favorable, recuerde que como dije antes, el clima laboral positivo o negativo se comienza a conformar desde el reclutamiento de las personas adecuadas.

"no contrate "jefes con carácter" que traten mal a los trabajadores, mejor contrate líderes inteligentes", que los ayuden a trabajar mejor.

Instinto, intuición y visión más allá

El reclutamiento y selección de personal es el arte de saber identificar talentos y capacidades en las personas que coincidan con lo que una empresa necesita para desempeñar funciones específicas.

Pero no es una tarea sencilla, no existe una forma definida de realizar el reclutamiento, cada persona responsable del reclutamiento en una organización, sigue un patrón distinto, pero lo más importante es nunca descuidar ciertos aspectos que nos ayudarán a elegir mejor, pues es necesario aprender a desarrollar más el instinto, la intuición y la capacidad de ver más allá de lo evidente en una persona.

Sabemos que no todas las personas son para todas las empresas, pero basarse únicamente en encontrar personas que cumplan con todos los requisitos completamente para poder considerarlos como candidatos, es un error, pues como dije antes, la intuición juega un papel muy importante al momento de seleccionar un candidato para desempeñar un trabajo.

La intuición nos da la sensibilidad necesaria para poder detectar talentos y virtudes en una persona, aunque no cumpla con todos los requisitos al 100%, ya que, al basarse solamente en filtrar a los candidatos con este único criterio, se puede estar perdiendo la oportunidad de atraer a la empresa verdaderos talentos, que pudieran en un futuro convertirse en los mejores trabajadores.

Con esto quiero decir, que la capacidad de ver más allá de lo evidente, nos ayudará a analizar más profundamente a una persona y ver que cuente con los requisitos más importantes y de ese modo, darle el voto de confianza apoyándolo para desarrollar los requisitos de menor importancia ya trabajando.

Parecerá arriesgado y en realidad lo es, pero de todas maneras se corren riesgos al contratar a un candidato que creemos es el indicado, y que en muchas ocasiones no resulta ser así, por eso el riesgo es de una o de otra manera.

El voto de confianza generará un sentimiento de gratitud que se convertirá en compromiso y lealtad hacia la empresa, porque no sólo se le proporciona la oportunidad de tener un empleo, además se le ofrece la oportunidad de desarrollarse desde el momento que inicia su relación laboral.

Eso es algo que casi ninguna empresa se atreve a realizar, y pensemos que ya desde ese momento tendremos la seguridad de contar con una persona motivada y comprometida que no sólo se esforzará en el desempeño de su trabajo, sino que será también un generador de un clima laboral positivo.

Cada quien es libre de elegir la forma de reclutar, la forma tradicional palomeando los requisitos y rechazando posibles talentos por no cumplir al 100% los requisitos o tomar el riesgo de confiar en ellos y desarrollarlos dentro de la empresa para crear un verdadero compromiso en ellos.

Aspectos a evaluar:

De acuerdo a mi experiencia, en el reclutamiento y selección de personal de manera general, se evalúa básicamente en tres aspectos principales:

Intelectual

Donde se evalúa el coeficiente intelectual, conocimientos, habilidades, competencias, técnicas y experiencia.

Mental

Donde se evalúan conceptos que tiene el individuo acerca del trabajo en equipo, comunicación, integración, relaciones interpersonales, formas de liderazgo, cultura laboral, valores, respeto.

Emocional

Donde se evalúa la situación psicológica y emocional del individuo, en cuestión de resentimientos, frustraciones, complejos, envidias, rasgos de personalidad y todo lo que le pudiera afectar su equilibrio emocional y su desempeño laboral e integración a un equipo de trabajo.

La clave es encontrar un equilibrio en los 3 elementos al momento de crear los perfiles de puesto y qué tipo de personas podrán ser contratadas, poniendo especial cuidado en que sean los más acordes con la Misión, Visión, Valores y Filosofía de la empresa, de esa manera estaremos creando la combinación adecuada de estructura y capital humano.

Si se le da más peso al factor intelectual, el tipo de persona, podría ser más bien fría y calculadora, con más actitud de jefe estricto y menos de un líder formador, el resultado será lo más importante para él, es muy probable que genere un ambiente de tensión, pocas probabilidades de ser un agente de cambio e influir en las demás personas para mejorar y mantener un buen clima laboral.

Por otro lado, si se le da más peso al factor mental, pero en un sentido positivo, podría ser una persona con grandes capacidades de comunicación y liderazgo para dirigir equipos de trabajo, tendrá más actitud de apertura para apoyar a las personas a desarrollarse profesionalmente y por supuesto, ser un agente de cambio para propiciar un clima laboral favorable.

Si se le da más peso al factor emocional aún en un sentido positivo, no sería lo más recomendable, pues para tener la responsabilidad de dirigir a un grupo de personas no es suficiente un equilibrio emocional que en cualquier momento o circunstancia se puede quebrantar, hace falta contar con una mezcla de los demás elementos, porque incluso podría correrse el riesgo de contratar a una persona con grandes posibilidades de convertirse con el tiempo en un líder negativo, capaz de generar el solo un clima laboral negativo.

En ese sentido, existen técnicas que se han ido desarrollando, en las que nos podemos apoyar para lograr éstos cambios con las técnicas de Assessment Center, con las que se pretende evaluar al candidato en su comportamiento en una recreación de una situación semejante a la realidad además de la entrevista y la evaluación psicométrica, para tener un parámetro más amplio sobre las condiciones de cada candidato y evaluarlos de forma más precisa.

"Los talentos que unos desperdician, otros los aprovechan".

Las encuestas

Por mi experiencia de haber aplicado y contestado muchas encuestas de clima laboral en las empresas, me he dado cuenta que el objetivo está peleado con la estrategia, lo explico de la siguiente manera:

Problema:	Inconformidad del personal
Objetivo:	Obtener información
Estrategia:	Encuesta al personal
Riesgo:	Poca veracidad en las respuestas
Resultado:	Información poco confiable para tomar decisiones acertadas

Sentimiento de los trabajadores de no ser escuchados o tomados en cuenta.

Si analizamos los resultados reales que se obtienen de aplicar una encuesta, llegaremos a la conclusión de que es una estrategia que aporta muy poco de lo que se desea saber, empecemos por entender que aplicar una encuesta de clima laboral puede ser por dos causas, para prevenir si es que se quiere evitar problemas o para corregir cuando el problema ya es evidente.

En ambos casos, inevitablemente se cae en un juego vicioso de preguntas y respuestas anónimas en el que la objetividad se pierde por completo, estamos creando una enorme barrera de confianza y comunicación, el mensaje que se le transmite al trabajador es, que, para expresar sus sentimientos y opiniones, nadie estará dispuesto a escucharlo o a dialogar con él frente a frente, todo será por medio de un papel escrito que leerán en privado sus superiores.

Un directivo dentro de una empresa sabe muy bien qué se está haciendo bien y qué se está haciendo mal, por esa razón, pienso que en la mayoría de los casos ni siquiera es necesario aplicar una encuesta de clima laboral para saber que anda mal, como ejemplo puedo decir, que si un empresario decide pagarle un sueldo bajo a sus trabajadores y además contratar a personas acomplejadas en puestos de jefes para que los haga trabajar con amenazas y gritos, sería absurdo aplicar una encuesta de clima laboral sobre la relación de trabajadores con sus superiores, porque las respuestas serían obvias.

Ésta actividad puede resultar muy desmotivadora para los trabajadores, pues no se sienten escuchados o tomados en cuenta, porque las encuestas con preguntas dirigidas que siempre terminan en cifras de porcentajes en una gráfica que se le presenta a los directivos y los trabajadores saben perfectamente que sus verdaderas opiniones, realmente no fueron escuchadas o tomados en cuenta.

Ya es tiempo de que rompamos con algunos paradigmas y barreras de comunicación que lejos de mejorar el clima laboral, lo empeoran y nos atrevamos a inventar nuevas formas de comunicarnos en las empresas, de saber exactamente qué sucede en nuestra empresa malo y bueno, pero además tener la seguridad de que el trabajador externará lo que siente y piensa realmente sin inhibiciones o temores.

Siempre será mejor que sientan la confianza de hacerlo sintiéndose escuchados y tomados en cuenta, tanto los trabajadores como los directivos porque además de poder externar su sentir, también se estarán comprometiendo cada uno desde sus posibilidades a contribuir para cambiar lo que se tenga que cambiar.

Es necesario ampliar nuestra visión y entender que el empleo de ésta técnica sólo se enfoca a lo que los trabajadores piensan, que desde luego es totalmente válido, pero no debe ser el único, me refiero a que se ataca el problema desde un solo ángulo o sentido:

Si sólo se realiza en un solo sentido, los directivos se quedan con la realidad expresada por los trabajadores y se corre el riesgo de caer en un círculo vicioso que es común en las organizaciones, que no buscan el empleo de nuevas técnicas para mejorar el clima laboral.

<u>Nuevo enfoque de encuestas</u>

El enfoque debe ser más apegado a lo espontáneo y lo cotidiano de las situaciones que se presentan diariamente y afectan de manera directa el clima laboral y de esta manera, lograr mayor conciencia y sinceridad en el resultado que se pretende.

Mi propuesta es fijarse el mismo objetivo de obtener información y conocer la opinión de los trabajadores, pero con una estrategia diferente, de una forma más abierta y en un ambiente de confianza.

Para lograr esto, propongo emplear una técnica que he desarrollado y se llama – "Técnica DxD" – y consiste en lo siguiente:

La mecánica se realiza en 5 etapas, en el día a día todos los días.

Primera etapa:

Cada trabajador registra en una bitácora de actividades todas las situaciones que vive en un día de trabajo malas y buenas, durante dos semanas, (el tiempo puede ser a consideración de los directivos, hasta por un mes), deben estar lo más explicadas posible y en seguida, escribirán 3 posibles causas que él considere hayan provocado un mal resultado o un buen resultado, una respuesta deberá referirse a su jefe, la otra a sus compañeros y la otra a él mismo (pueden ser más de 3 posibles causas si es necesario).

De esta manera se puede medir de forma más real y confiable la impresión que queda en el trabajador durante el desempeño de sus actividades y saldrán a relucir varias áreas de oportunidad con las que se podrán tomar mejores decisiones a la hora de darle solución a los problemas.

Al término del ejercicio, en la última columna escribirá la corrección o solución que propone para que la situación negativa, se vuelva positiva, y la positiva, se mantenga positiva.

En el caso de las situaciones positivas, escribir si hay posibilidad de mejorar las causas y asegurar no sólo que siga siendo positiva, sino que sea mejor.

Ejemplo:

Situación	Tipo (positiva o negativa)	Causas posibles	Propuesta de correcciones o soluciones
		1- Jefe	1-
		2- Compañeros	2-
		3- Yo	3-

El objetivo de emplear esta técnica, es que el empleado no contesta lo que el director quiere, sino que recrea situaciones reales positivas y negativas de lo que vive a diario con sus jefes, compañeros de trabajo e incluso directivos, señala las posibles causas de forma abierta sin la condición de respuestas dirigidas como en una encuesta y lo más importante, se le permite la libertad de pensar y proponer soluciones al momento y de forma práctica.

Con esto se logra que el trabajador se sienta escuchado y tomado en cuenta y siendo parte de quienes deciden para mejorar lo que se tenga que mejorar, lo que convierte al ejercicio en un parámetro más confiable del clima laboral que impera en la organización al momento de aplicarlo y tomar decisiones y acciones más acertadas.

Segunda etapa:

Durante las siguientes dos semanas, los trabajadores deberán poner en práctica hasta donde les sea posible, las correcciones o soluciones que ellos mismos propusieron.

Tercera etapa:

Los trabajadores deberán analizar sus registros y generarán desde una y hasta un máximo de 10 conclusiones sobre lo que pudieron corregir y cómo se logró, lo que no pudieron corregir y porqué.

Cuarta epata:

Se realiza una reunión entre áreas y cada uno expondrá sus conclusiones para que todos conozcan los resultados de todos, un responsable de Recursos Humanos deberá estar presente para generar acuerdos, soluciones y acciones como plan de trabajo para lograr el cambio o cambios necesarios y así poder mejorar del clima laboral.

Y por último en la quinta etapa, se realiza una evaluación del resultado para medir el alcance del logro del objetivo.

El objetivo de cada etapa del proceso es:

1ra.   Etapa: Identificar
2da.   Etapa: Actuar
3ra.   Etapa: Diagnosticar
4ta.   Etapa: Solucionar
5ta.   Etapa: Evaluar

Dinámicas de grupo

Dinámica 1 - Cambio de rol ficticio

El jefe le plantea un problema al trabajador y el trabajador debe analizarlo y proponer como mínimo dos soluciones posibles, se le pide tomar en cuenta que la solución deberá causar el menor impacto negativo posible tanto a los intereses de los trabajadores, como a los intereses de la empresa.

Después se le plantea el mismo problema, pero con algunas variaciones en cuanto a la situación del problema, y el trabajador deberá volver a analizar el problema y proponer una solución.

Posteriormente el jefe y el empleado analizan sus propuestas y el jefe le hace la retroalimentación indicándole si sus propuestas son viables o no y el porqué de cada una.

Esta dinámica tiene varios propósitos muy útiles, que el trabajador se dé cuenta de la complejidad de enfrentarse a problemas y buscar soluciones y eso le genere más conciencia al momento de juzgar a sus compañeros, a su jefe o a los directivos.

Otro propósito es el permitirle a los trabajadores mostrar su talento creativo y su capacidad analítica para resolver problemas, para tenerlo en cuenta y conocer mejor las fortalezas y debilidades de nuestro capital humano, y poder generar un plan de desarrollo, otro propósito es, que el jefe tiene la oportunidad de conocer nuevos enfoques o formas de ver un problema viniendo precisamente de quien realiza las tareas diarias y que sabe perfectamente de dónde se pueden estar originando los problemas.

La otra modalidad en esta dinámica es hacerlo de manera contraria, es decir, al jefe se le plantean problemas que se le puedan presentar a un trabajador para poder realizar su trabajo, y el jefe analiza las situaciones y se realiza la misma mecánica como en el primer caso.

Aquí el propósito es hacer que el jefe se dé cuenta de los problemas a los que se enfrenta un trabajador para poder realizar su trabajo, y de esta forma entender mejor qué origina el o los problemas, si es el jefe, es el trabajador, son los directivos, o si es de tipo laboral o personal, si es de capacitación, o si es de planeación o de comunicación, etc.

Dinámica 2 - Acercamiento

El trabajador pasa unas horas con el jefe observando cómo es su día de trabajo y todas las situaciones a las que se enfrenta.

Y al revés, el jefe pasa unas horas con el empleado observando cómo es su día de trabajo y a todas las situaciones a las que se enfrenta.

Esta dinámica en particular, tal vez resulte un poco complicada de realizar por la información que el jefe pueda considerar como confidencial, sin embargo, vale la pena pensar en la posibilidad de realizarla quizá con algunos ajustes en el tratamiento de la información crítica, ya que es una estrategia eficaz para sacudir la conciencia de ambas partes y entender situaciones que normalmente en un día común de trabajo, no sería posible experimentar.

Efectividad

La efectividad significa hacer las cosas bien, pero sabemos que no todas las personas tienen esta cualidad ya desarrollada desde antes de empezar a trabajar, sin embargo, esas personas deben tener las mismas oportunidades de crecimiento en su lugar de trabajo, contar con el apoyo de la empresa para desarrollar estas habilidades, ya que eso genera un sentido de compromiso en las personas y como ya lo hemos explicado antes, las personas comprometidas con la empresa, son las personas con la actitud ideal para propiciar un clima laboral positivo.

Por esa razón, se puede implementar un sencillo plan de apoyo para los trabajadores y ayudarlos a planear y ejecutar sus tareas diarias de manera más eficiente, esto traerá como beneficio, el desarrollo de habilidades a los trabajadores y beneficio para la empresa al generar personas más eficientes que aumenten la productividad.

En el siguiente modelo, se muestra cómo se pueden clasificar a los trabajadores de acuerdo a sus habilidades de planeación y ejecución de actividades, y detectar los puntos débiles que se tienen que reforzar para ayudar a los trabajadores a llegar al punto más alto de la clasificación que es la letra "A".

Es importante mencionar que, si en nuestra empresa detectamos personas en el nivel más bajo que es la letra "D", sería razonable pensar que no es una persona apta para el puesto para el que fue contratado, ante esta

Situación se presentan tres posibilidades de acción, la primera es despedirlo, la segunda es evaluarlo para detectar otras habilidades y ver la posibilidad de reubicarlo y la tercera es capacitarlo y que vaya subiendo cada nivel paulatinamente hasta el nivel "A", pero eso dependerá de la filosofía que impera en cada empresa para tomar la decisión.

Para los trabajadores que se encuentren en el nivel "B" y "C", la recomendación es capacitarlos para que de igual manera suban de nivel paulatinamente hasta el nivel "A", pero se debe procurar no brincarse los niveles, es decir, para una persona que está en el nivel "C", no se le puede exigir que pase al nivel "A" directamente porque lo más seguro es que no lo logre y esto le cause frustración tanto a él como a su jefe directo y automáticamente se generará un clima de tensión y desconfianza, es mejor hacerlos pasar primero por el nivel "B" y una vez que lo logre y se sienta seguro, iniciar su capacitación hacia el nivel "A".

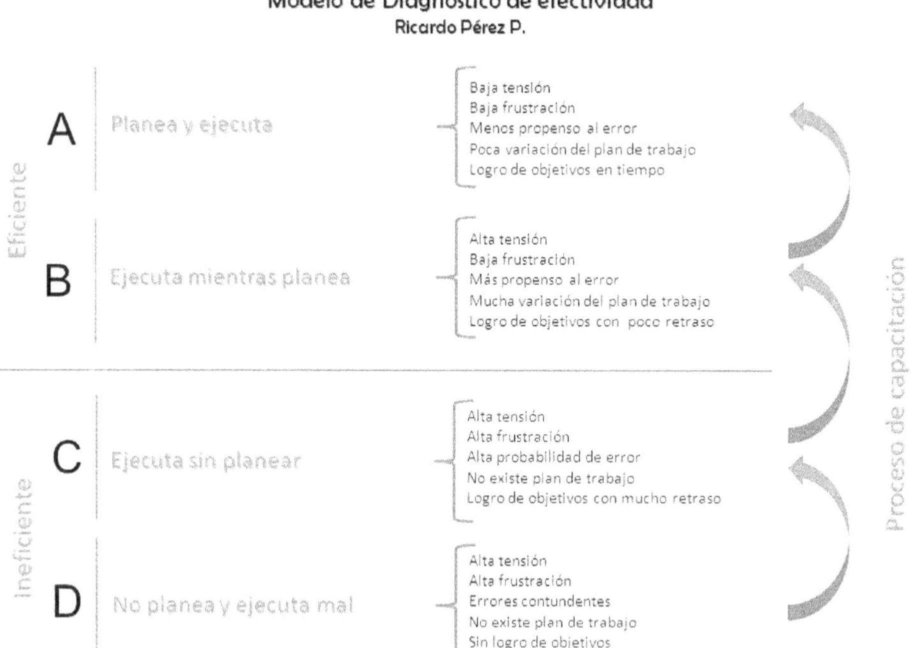

Una manera sencilla de planear

Planear las actividades es la forma más segura de administrar el tiempo y sacarle el máximo provecho, es una forma de empezar a desarrollar habilidades para llegar al punto más alto y ser un trabajador eficiente y eficaz en el trabajo.

La planeación debe ser un hábito de todos los días, para poder asegurar el logro de objetivos a corto y largo plazo.

El siguiente es un ejemplo de cómo se puede hacer una planeación sencilla y fácil de entender para quienes quieren aprender a planear poco a poco, es una simple tabla con columnas y renglones donde se escribe la tarea y se completan todas las condiciones.

La última columna es la más importante porque es la fecha límite para terminar la tarea, es la que sirve como indicador para saber si se está logrando mantener una regularidad en el hábito de terminar lo que se empieza, en la medida que la persona se vayan disciplinando en cumplir con sus propios tiempos establecidos, notará cómo alcanza paulatinamente un nivel de efectividad satisfactorio, pero será necesario utilizar éste método hasta llegar al momento en el que ya se vuelva un hábito y ya no se necesite valerse de este método de forma manual.

Cómo planear

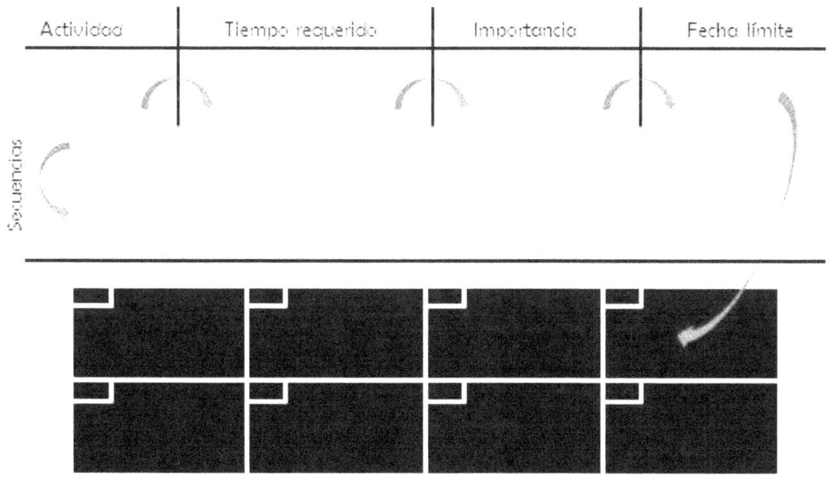

Adicionales – costos, responsables, documentos, etc.

Trabajar con metas diarias

A los trabajadores poco acostumbrados a trabajar por objetivos, les puede ayudar utilizar un método que consiste en obligarse a sí mismos a cumplir metas por día, es necesario crear una bitácora donde todos los días antes de iniciar con la jornada de trabajo, se registran las tareas que se pueden terminar en un día, se registran como metas que al final del día deben quedar cumplidas.

El trabajador podrá evaluarse a sí mismo o bien su jefe inmediato, ya sea por semana o por mes, generando datos estadísticos que sirven como indicadores para medir la productividad y la eficiencia durante un período de trabajo, si el indicador muestra más metas no cumplidas, habrá que hacer un análisis profundo entre varios factores como son:

- La distribución de cargas de trabajo
- La falta de planeación
- El perfil del trabajador que concuerde con la descripción de puesto
- Calidad en la comunicación y delegación de tareas
- Calidad en la interrelación entre jefe y trabajador

Todos son aspectos a cuidar que pueden perjudicar un clima laboral favorable, además de apoyar en la productividad.

Ciclos de reforzamiento

Se refieren a lo que las empresas deben realizar de forma constante en todos los aspectos que se requieren mantener en vigor para que no pierdan fuerza con el paso del tiempo, hasta el punto en que genere una situación de mal clima laboral, rotación de personal, baja productividad y todo lo que pueda afectar directamente el desarrollo y consolidación de la empresa.

Así como nuestro cuerpo requiere de alimento cada determinado tiempo para funcionar correctamente, las empresas requieren "alimentar" a su personal de varias maneras, para que funcione correctamente.

Los ciclos de reforzamiento son esenciales para mantener funcionando de manera óptima a la empresa, pues por lo regular estos ciclos solamente se llegan a realizar una vez y se empiezan a perder con el tiempo, lo ideal es que sean ciclos constantes y permanentes.

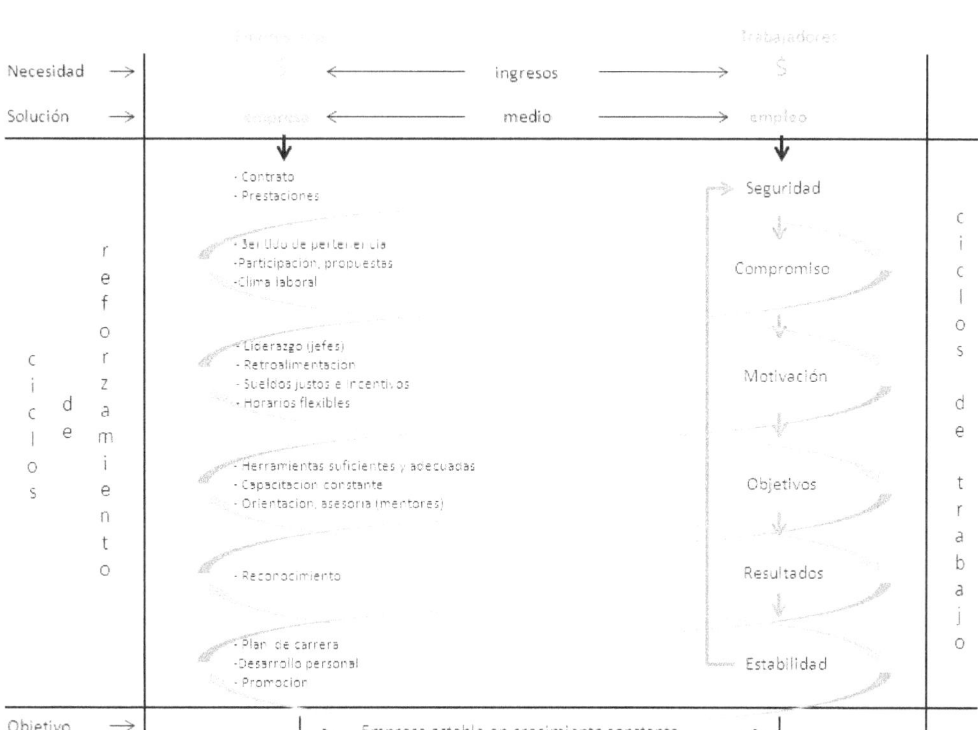

- Si hay seguridad, hay compromiso
- Si hay, compromiso, hay motivación
- Si hay motivación, se cumplen objetivos
- Si se cumplen objetivos, se logra el resultado
- Si se logra el resultado, se asegura la estabilidad
- Si hay estabilidad, hay crecimiento

Analizaremos cada punto para entender el concepto y algunas sugerencias útiles:

Sentido de pertenencia:

Los directivos de las empresas necesitan generar este sentimiento a sus trabajadores para generar más compromiso.

Algunas sugerencias pueden ser:

- Gafete con el logotipo de la empresa y fotografía.
- Correo electrónico de la empresa.
- Su nombre en el directorio electrónico de la empresa.
- Playera o chamarra con el logotipo de la empresa.
- Letrero de base para escritorio con su nombre y logotipo de la empresa.
- Letrero para puerta con su nombre y logotipo de la empresa.
- Publicación de un anuario con fotografías y relatos donde se incluya a todo el personal (Recursos Humanos).
- Realizar concursos donde participen todos los trabajadores y publicar a los ganadores.
- Participar en competencias deportivas representando a la empresa.
- Proporcionar artículos de papelería y tazas con el nombre del trabajador y logotipo de la empresa.

Participación:

Al fomentar y alentar la participación de los trabajadores, hace que se sientan tomados en cuenta y escuchados, hacerlos participar en algunas decisiones en la empresa les crea un gran sentido de compromiso.

Algunas sugerencias pueden ser:

- Pedirle que genere propuestas de mejora en sus actividades o las de otras áreas.
- Propuestas de actividades a realizar para integración del personal.
- Concursos (creación de una frase, un logotipo para una actividad, etc.).
- En vez de un Buzón de quejas y sugerencias, crear un programa permanente con un canal de comunicación para que el personal acuda al área de Recursos Humanos personalmente a expresar sus quejas o sugerencias de manera civilizada y respetuosa.
- Realizar reuniones informales a manera de junta por lo menos una vez a la semana para sondear el clima laboral por área y escuchar a los trabajadores, permitirles expresar cualquier duda, aclaración, queja, propuesta, así como una lluvia de ideas sobre algún asunto que pueda convertirse en un problema posteriormente.

Integración:

Algunas sugerencias pueden ser:

<u>El día abierto</u>

Por lo menos un día a la semana, los directivos se reúnen para convivir con los trabajadores de menor nivel, con esto se logra generar o reforzar lazos de confianza.

Puede ser a la hora de la comida, comités de seguridad, actividades deportivas, actividades como torneos de ajedrez, un día de campo, cursos, etc.

Liderazgo (jefes):

La motivación es un elemento que se debe alimentar día con día entre el personal que labora en la empresa, porque es lo que determina el logro de los objetivos, en este caso los jefes juegan un papel muy importante porque son los que tienen la responsabilidad de lograr que se cumplan los objetivos a través de una buena comunicación y actitud positiva con los trabajadores a su cargo.

Algunas sugerencias pueden ser:

- Desarrollar inteligencia emocional para la convivencia (el jefe no debe obligar, debe saber convencer)

- Alta disposición al trabajo en equipo (el jefe no debe ser sólo un observador, debe poner el ejemplo para trabajar)

- Actitud de líder formador de líderes (debe apoyar el crecimiento de sus trabajadores, no estancarlos)

Retroalimentación:

Es una forma muy eficaz de apoyar el crecimiento de los trabajadores, pues aprenden a detectar sus áreas de oportunidad y establecer formas de mejora continua.

Algunas sugerencias pueden ser:

- Propiciar vínculos de confianza entre el jefe y su personal.

- Comunicación abierta y honesta entre el jefe y su personal.

- Alta disposición a aceptar los errores y a corregirlos tanto de los directivos, jefes y trabajadores.

Incentivos:

Todas las personas requieren de un incentivo que les impulse a lograr lo que se espera de ellos, los incentivos pueden ser en varias formas, lo importante es que el trabajador vea recompensado su esfuerzo para mantener su motivación.

Algunas sugerencias pueden ser:

- Premios en efectivo
- Viajes
- Días de descanso
- Regalos en especie

Competencia:

Es la manera en que impulsamos a cada trabajador a dar su mejor esfuerzo, pero este debe ser un esfuerzo tanto individual como colectivo, ya que se pretende incentivar la competencia sana en la que todos sin excepción, tengan la misma oportunidad de demostrar sus cualidades para desarrollar mejor el trabajo, sin embargo, va más enfocado a desarrollar y detectar rasgos de liderazgo en los trabajadores y formar mejores individuos en el plano personal y laboral.

Algunas sugerencias pueden ser:

- Crear proyectos y designar equipos de trabajo para detectar entre los integrantes a los líderes positivos

- Solicitar a los trabajadores el aporte de ideas para los proyectos y comentarles que la mejor idea se tomará en cuenta para la planeación y desarrollo de un proyecto

Herramientas:

La empresa deberá proveer a los trabajadores de todo lo necesario para la realización de sus funciones, tanto palpables como no palpables, la falta de éstas herramientas, puede limitar al trabajador a cumplir con su trabajo de la manera que se le exige.

Algunas sugerencias pueden ser:

- Computadora y periféricos adecuados (dependiendo de la actividad)
- Escritorio y silla cómoda en buenas condiciones
- Espacio para guardar documentos (archivero)
- Buena iluminación
- Artículos de papelería suficientes
- Copiadora
- Uniformes (dependiendo si la actividad lo requiere)

Capacitación:

Si la empresa invierte en la capacitación de sus trabajadores, obtendrá como beneficio un trabajo de mejor calidad y en menor tiempo, lo que significa una inversión con retorno seguro y que al mismo tiempo derivará en ahorros en otros rubros, en conclusión, es un beneficio mutuo, ya que como parte de los beneficios está el proporcionar posibilidades de desarrollo personal a los trabajadores.
Algunas sugerencias pueden ser:

- Cursos de capacitación proporcionados por la empresa
- Apoyo económico para Diplomados o Maestrías a los trabajadores
- Crear un departamento de capacitación con personal capacitado para impartir ellos mismos cursos de capacitación de varios temas y que tengan también la capacidad de conseguir los mejores cursos a los mejores precios de proveedores externos.

Orientación:

El apoyo al personal por parte de la empresa, debe ser en muchos sentidos, entre otros, el de ofrecerles la posibilidad de aconsejarles sobre distintos temas, ya sea personales o laborales para su crecimiento dentro de la empresa y como personas.

Algunas sugerencias pueden ser:

- Ofrecer el servicio de atención psicológica permanente.
- bien, brindarle la facilidad para que busque atención profesional por su parte, costeado por la empresa.

Reconocimiento:

El logro de objetivos es algo que causa mucha satisfacción a los trabajadores que lo consiguen, y es una excelente oportunidad de reconocerles el esfuerzo.

Algunas sugerencias pueden ser:

- Colocar un pizarrón a la vista de todos donde se menciona el objetivo logrado, el impacto logrado y las personas que participaron.

Reconocimiento por escrito en forma de diploma entregado por los directivos personalmente.

- Boletín electrónico informando a toda la empresa de logros obtenidos por algún departamento o un trabajador en particular.

Reconocimientos

Reconocimientos individuales

El reconocimiento es una forma adecuada de hacer saber a un trabajador que ha cumplido con su trabajo superando las expectativas, y, por lo tanto, la empresa muestra su agradecimiento por el impacto positivo que causó su esfuerzo, ya sea con un reconocimiento público, un beneficio económico o de cualquier otra índole, pero debemos tener en cuenta que los reconocimientos deben ir en proporción del tamaño de la empresa y del número de trabajadores.

Por ejemplo: En una empresa de 500 trabajadores, si se reconoce a una sola persona, el trabajador sabrá que tiene pocas posibilidades de ganar y eso genera poca motivación para competir, es mejor crear reconocimientos por departamento, y así darle al trabajador mayores posibilidades de alcanzar un logro y ser reconocido, serán más premios, pero también se generará mayor motivación para prácticamente todos los trabajadores.

Cambiemos nuestra cultura empresarial y adoptemos nuevas costumbres para motivar a nuestros empleados.

Políticas empresariales

Cuando se trata de hacer políticas para que todos los miembros de una empresa se comporten de la misma manera y sepan qué se puede hacer y qué no se debe hacer, es común caer en el juego de prohibir todo lo que sea posible, pensando que así se protegerán mejor los intereses de la empresa, y en parte es correcto hacerlo, pero cuidado, tengamos en cuenta que desde ahí ya podríamos estar generando un mal clima laboral.

Por eso mismo, que tal sería pensar en hacer políticas en un sentido positivo, pensadas para motivar a las personas a cumplir con las políticas en vez de usarlas para amenazar y castigar.

Ejemplo:

El trabajador que no registre retardos en un mes, será acreedor a un estímulo económico.

(También conocidos como bonos por puntualidad)

En vez de…

El trabajador que acumule 3 retardos será acreedor a un descuento.
Incluso sería posible utilizar las dos Políticas y dejar que el trabajador elija ser sancionado o prefiere ser premiado, y así promover la motivación, el compromiso y la disciplina en los trabajadores de una forma positiva e inteligente.

En el ejemplo se muestra una política que además de castigar, también puede premiar, pero eso ya dependerá de cada trabajador, finalmente se mantiene la intención de forzar la disciplina, pero de una forma que no impacta al clima laboral de manera tan negativa.

Es posible cambiar y darle otro significado y pensar que las políticas no son la parte desagradable de las reglas del juego y que los trabajadores sean enemigos de las políticas, busquemos la forma de crear políticas con sentido de control y orden, pero con "la carga positiva" para que ya no sean la parte desagradable y todos sean respetuosos de ellas y se dé la armonía entre todos los miembros de la empresa.

Parecerá descabellado en un principio, pero si lo analizamos detenidamente, es la misma teoría que se aplica en el comercio, la gente que vende algo, trata de ofrecerle algo más a sus clientes para que le compren más ¡y funciona!, entonces por qué no hacer lo mismo con los trabajadores, darles más, para que produzcan más, así de sencillo.

La clave es fácil de explicar y que se practica en muchas empresas exitosas en todo el mundo:

"Dales más de lo que les quitas a tus trabajadores y ellos lo devolverán con mayor productividad y utilidades para la empresa".

A continuación, explico algunos ejemplos entre muchas otras posibilidades que existen en todas las organizaciones, pero que pueden ser un punto de partida.

Políticas de Horario de entrada y salida

A menudo los directivos sienten la necesidad de mantener una disciplina a la hora de la entrada, sin pensar en las consecuencias que esto les puede generar principalmente en aspectos de clima laboral.

Al crear políticas para control de asistencia, se pretende forzar a los trabajadores a acostumbrarse a llegar temprano a determinada hora, estableciendo límites que, al no respetarlos, el castigo será recibir menos dinero por el trabajo realizado y perder días de trabajo, en mi opinión ésta idea de concientización y control es un agravante al clima laboral con un efecto totalmente negativo en el ánimo de las personas.

Ya es momento de romper paradigmas y refrescar nuestras estrategias para imponer la disciplina en los trabajadores, en cualquier empresa u organización, lo más importante siempre será mantener un nivel alto de productividad.

Pero entonces, ¿Qué pasa si la forma de recompensarles ese logro a los trabajadores es quitarles dinero ganado producto de su esfuerzo, tan solo por haber llegado un minuto tarde?, el golpe anímico es muy fuerte en un trabajador y necesariamente generará en él un descontento que invariablemente impactará en el clima laboral.

¿Cuántos de nosotros no nos hemos sorprendido de ver personas por las mañanas en las ciudades de mayor tránsito de autos, con una actitud de franca agresividad y estrés, manejando de una forma muy atrabancada y en riesgo de verse involucrados en un accidente?, y todo por sentirse presionados por llegar a tiempo a sus trabajos para no sufrir un descuento en su salario.

Esto provoca que los trabajadores lleguen a su lugar de trabajo ya con un nivel de estrés y agresividad muy alto, que perjudica seriamente las relaciones laborales, pues lejos de reaccionar con una actitud positiva, más bien es una reacción negativa traducida en gritos, enojos, reclamos, mal humor, errores o trabajo mal hecho, síntomas comunes en una empresa con un clima laboral negativo.

Sería muy útil tener en cuenta cuántas veces el trabajador llega tarde por irresponsabilidad que es lo que se pretende castigar finalmente, y cuántas veces llega tarde por circunstancias totalmente fuera de su control, pues como el criterio es el mismo para ambos casos, el castigo recibido en el segundo caso, detona la molestia y el sentimiento de injusticia e impotencia.

Por otro lado, existen trabajadores que lejos de valorar la confianza que se les brinda, abusan de ella, eso provoca que los directivos opten por no concederles el voto de confianza, pero como lo mencioné en el primer capítulo, debemos procurar crear y fortalecer los lazos de confianza entre todos los trabajadores de la empresa en vez de empeorarla y que la inercia positiva cause el efecto de permear a todos a adoptar una actitud de honestidad y así poder premiar más y castigar menos.

Por qué no nos detenemos a pensar en esto como una oportunidad para cambiar la situación, es decir, ¿Por qué no imitamos lo bueno que se hace en empresas de otros países de primer mundo?, se preocupan por la productividad, pero también por no generar estrés y preocupación en sus trabajadores.

Los directivos se podrían plantear la posibilidad de fortalecer el compromiso y la confianza a los trabajadores, implementando nuevas estrategias para promover la disciplina de una manera menos agresiva y con más posibilidades de funcionar sin afectar el clima laboral.

Se establece una hora de entrada y de salida y se solicita a los trabajadores apegarse al horario lo más posible, pero sin tiempos límite ni descuentos, claro que, a cambio de ese voto de confianza, se hace un seguimiento más estricto de su rendimiento, así se cambia la presión por llegar temprano por la exigencia de realizar un trabajo de alta calidad y a tiempo, que no pone en riesgo su vida ni la de los demás y disminuye lo más posible el estrés favoreciendo el clima laboral positivo.

El nuevo convenio consiste en evaluar al trabajador por día, por semana, por quincena o por mes, en el logro de objetivos que se establecen en cualquiera de los períodos mencionados, así cada trabajador tendrá que responsabilizarse por cumplir con su trabajo y sus obligaciones en la empresa, y también será consciente de las consecuencias que podrán ser por no cumplir con su trabajo de la forma esperada, ya sea con una llamada de atención, un Acta Administrativa o incluso la recisión de su contrato.

Políticas de comunicación

Las políticas de comunicación, son muy importantes para un correcto uso de los recursos y el manejo responsable de la información que fluye diariamente en una organización.

Una mala comunicación puede derivar en errores costosos para la empresa, conflictos entre compañeros, pérdida de la confianza y muchos atenuantes más, que pueden impactar de manera muy negativa en el clima laboral.

Nuestra forma de comunicarnos sólo puede ser de tres formas, oral, impresa o electrónica, por lo tanto, debemos ser conscientes de la manera en cómo utilizamos los recursos y de cuál elemento nos valemos para cada situación.

La comunicación oral, que puede ser informal, dándole a los trabajadores cierta libertad para expresarse, lo que ayudaría mucho a generar un clima de confianza, o la formal o dirigida, como en una junta de trabajo.

Capítulo 5

Indicadores de medición del cambio

Para conocer el resultado de las estrategias empleadas y medir el alcance de los cambios logrados, podemos valernos de indicadores que muestren un punto inicial y el punto final para determinar si se consiguió el objetivo o no, así como medidores de avance entre un punto y otro, esto nos ayudará a poder establecer nuevas estrategias para continuar con el proceso del cambio deseado.

Antes de diseñar e implementar los medidores debemos tener en cuenta algunos factores que nos servirán para estructurar bien el formato de cada medidor adaptándolo a cada situación.

Por ejemplo, si necesitamos medir la rotación de personal, no solamente debemos basarnos en el total de trabajadores, con el total de bajas en un determinado tiempo para conocer el porcentaje de rotación, pues además de eso, se puede complementar la información tomando en cuenta elementos como:

- Las fechas de mayores bajas
- Las causas más frecuentes
- Las áreas con más rotación

Y todos los elementos que cada responsable de generar estos indicadores, considere necesarios para tener un panorama más amplio de la situación y poder tomar mejores decisiones.

Sugiero que antes de comenzar a implementar estrategias de mejora, empezar por que los directivos hagan un consenso involucrando a todas las personas que laboran en la empresa, sin importar el nivel jerárquico, para que cada uno haga una lista de situaciones que consideren adversas, tanto las que se relacionan directamente con su actividad como las que no se relacionan, esa lista debe contener todo lo que cada uno desde su visión detecta que se hace mal, o lo que no funciona como estrategia para un buen clima laboral, esto servirá para poder tener un panorama más amplio del problema y poder medir al final, el alcance de los objetivos de cambio.

Sugerencias de indicadores:

- Desarrollar indicadores a partir de datos ordenados en KPI y Balance Scorecard para generar información diaria, semanal y mensual, en aspectos como: producción, ventas, apertura de mercados, respuesta al cliente, atención a usuarios, nivel de satisfacción, rotación de personal, demandas laborales, disminución de conflictos, logro de objetivos, etc.

- Solicitar la participación de todo el personal, para que exprese su opinión acerca de los cambios percibidos de manera oral o escrita

- Volver a aplicar la evaluación DxD y analizar las diferencias

- Aplicación de una encuesta 360°

- Encuesta de calidad de servicio a clientes

Los resultados obtenidos después de implementar estos medidores, deberán ser analizados con mucha cautela para evitar tomar decisiones precipitadas que a la larga deriven en mayores problemas y entonces todo el trabajo de mejora será inútil.

En este caso, se requiere de una nueva planeación detallada sobre las acciones a seguir y el tiempo en el que se irán implementando, pues dependerá en gran medida de las reacciones positivas o negativas del personal y el impacto al clima laboral, pues este ya es un trabajo de mejora que deberá ser permanente para asegurar el éxito de lo implementado.

Para finalizar, quiero compartirles:

LOS 10 MANDAMIENTOS DEL CLIMA LABORAL

1. No sienta envidia de sus compañeros
2. No se sienta más importante que sus compañeros
3. No se sienta más inteligente que sus compañeros
4. No culpe a otros de sus errores
5. Comparta sus conocimientos
6. Trate a todos con respeto y como quiere que lo traten
7. Comunique lo que sea positivo, evite la intriga
8. No critique sin saber, mejor proponga soluciones
9. Primero esfuércese, luego exija. No al revés
10. Siempre regale una sonrisa y un saludo a sus compañeros

Si todos y cada uno de nosotros de manera personal, nos basamos en éstos mandamientos con toda seguridad lograremos crear y mantener un buen clima laboral en nuestro lugar de trabajo.

Ha sido un placer compartir este apasionante tema con ustedes, deseo que haya aportado algo a sus vidas, todos tenemos la valiosa oportunidad de cambiar algo, cambiar como personas, como profesionales, cambiar el entorno laboral, cambiar nuestra ciudad, cambiar nuestro país y después… ¿Por qué no?... algún día cambiar al mundo.

¡Hasta siempre!

Lic. Ricardo Pérez

Egresado de la Licenciatura en Administración en la Universidad del Valle de México.

- 16 años de experiencia en Recursos Humanos, especialista en Desarrollo Organizacional.

- Publicación de artículos en el periódico Reforma sobre Capital Humano.

- Conferencista en la Expo Capital Humano 2013, en el WTC, con el tema "La cultura organizacional en México y el mundo".

- Creador del concepto DO al Rescate.

- Creador de concepto Somostalentos, para reclutamiento basado en el talento.

- Instructor en diplomados de Capital Humano.

- Entrevista en televisión en el Canal Mexiquense en el programa Libertas.

- Asesoría a empresas.

ricpez@gmail.com

www.ricardopp.com